JN411724

송명달의

영주사랑 25시

고향이 키워준 사람, 영주의 미래를 그리다.

송명달 지음

인사말

사랑과 인연이 나를 만든 길

돌아보면, 내 삶의 어느 순간도 혼자의 힘만으로 이루어진 적은 없었다. 가까운 사람들의 사랑과 믿음, 그리고 고향의 품이 나를 지탱하는 힘이 되어 주었다. 그 따뜻한 울타리들이 모여 오늘의 내가 되었다. 무엇보다 평생의 동반자인 배우자 김영아에게 깊은 고마움을 전하고 싶다.

기쁨이든 어려움이든 가장 먼저 나누어주던 사람이었고, 바쁜 공직생활 속에서도 가정이 흔들리지 않도록 든든히 지켜준 사람이었다. 우리 두 아이인 선지와 선우가 밝고 단단하게 자라준 것 또한 아내의 따뜻한 손길 덕분이다. 아이들의 웃음은 늘 나를 다시 일어서게 하는 가장 큰 힘이었다.

부모님의 삶은 나에게 무엇이 '올곧음'인지 알려주었다. 아버지는 낮에는 자동차정비공장에서 손에 기름을 묻히고, 밤에는 야간학교에서 공부하시던 분이었다. 그 성실함과 집념은 늘 내 삶의 나침반이 되었다. 어머니는 긴 세월 동안 가정을 지키며 아들 넷을 키워내셨고, 힘겨운 순간에도 웃음을 잃지 않으셨다. 부모님의 삶을 떠올리면, 세상 어떤 말보다 늘 강한 가르침이 되어 내 마음에 남는다.

형제들 역시 언제나 나의 버팀목이었다. 서로 살아가는 길은 다르지만, 필요한 순간에 묵묵히 손을 내밀어 주는 가족의 힘은 세월이 흘러도 변하지 않았다.

그리고 내 삶의 뿌리인 고향 영주. 내줄리에서 뛰놀던 어린 시절, 관사골 골목의 웃음소리, 불바우 집에서 바라보던 저녁빛. 그 모든 기억은 지금도 나를 따뜻하게 감싸준다. 힘들 때마다 돌아오면 마음을 다잡게 해주던 곳, 나를 길러준 곳이 바로 고향이었다.

30여 년 동안 몸담았던 공직생활에서 만났던 동료들 또한 내 인생의 소중한 인연이다. 함께 고민하고 웃고 때로는 치열하게 토론하던 시간들, 그 속에서 나는 사람과 신뢰의 가치를 배웠다. 자리를 떠난 지금도 그 인연들은 여전히 내 마음에 깊이 남아 있다.

이 책은 결국, 내가 받은 사랑과 배움을 한데 모은 감사의 기록이다. 가족과 고향, 그리고 동료들에게 전하고 싶은 작은 마음이자, 앞으로 남은 길을 어떻게 걸어가야 할지 스스로에게 던지는 약속이기도 하다.

사람이 사람을 통해 성장하듯, 나 또한 많은 분들이 내어준 마음으로 여기까지 왔다. 이제는 그 마음을 조금이나마 되돌려드릴 수 있는 삶을 살고자 한다.

그런 바람을 담아, 이 책의 첫 장을 연다.

2026년 1월

송명달

목차

제3장. 산업 혁신전략

제4장. 문화·관광 르네상스

제5장. 에너지·환경 전환

제6장. 청년·인구정책

제7장. 스마트 행정혁신

제8장. 복지·평생학습·시민참여

프롤로그

소백산의 품에서 시작된 이야기

내줄리의 흙냄새, 관사골의 작은 골목들, 불바우 집의 햇살,
아버지의 공부, 어머니의 기도, 형제의 웃음….
이 모든 것이 내 마음의 기반이었기 때문이다. 그래서 나는 늘 말한다.
"나는 고향이 키워준 사람이다."
그리고 이제는 고향의 미래를 키우는 사람이 되고 싶다.

프롤로그

소백산의 품에서 시작된 이야기

내 삶의 첫 페이지는 소백산의 너른 품에서 시작되었다. 아침 안개가 자욱하게 들판을 감싸고, 맑은 시내 물줄기가 마을의 하루를 깨우던 곳, 영주 안정면 내줄리였다.

창문을 열면 늘 스며들던 닭 울음소리와 구수한 장작 타는 냄새, 논두렁 사이로 부드럽게 피어오르던 물안개의 풍경. 그 속에서 땀 흘리며 단단하게 삶을 일구어 가던 어른들의 모습이야말로 나를 키워낸 최초의 교과서였다.

세상은 그 시절보다 훨씬 복잡하고 빠르게 변모했지만, 어린 날의 기억만은 내 마음 가장 깊은 곳에 아련히 박혀 있다. 아침이면 집 앞 개울가에서 돌멩이를 던지며 놀던 기억, 가을걷이가 끝난 들판이 황금빛으로 물들던 벅찬 광경, 겨울날 고드름을 따 먹으며 뛰어놀던 정겨운 골목길까지….

이 모든 순수하고 강직한 풍경들은 훗날 어떤 시련이 닥쳐와도

아버지 방송통신대 졸업식 (1977년 2월 28일)

마음의 중심을 잃지 않도록 붙잡아 준, 내 인생의 영원한 '정신적 고향'이 되어주었다.

아버지의 청년 시절 배움의 열망

여산송씨(礪山宋氏) 정가공파(正嘉公派) 27대손인 아버지(송필현; 宋必鉉)는 2녀 1남 중 막내로, 안정면 내줄리에서 태어나서 자라셨다. 증조부이신 진사 송엽(宋曄)은 풍기향교 도유사로 향시(鄕試) 때 시관으로 선임되었고, 조부 송원성과 백부 송면구(宋冕求) 역시 풍기향교 도유사로 봉직하신 바 있다.

아버지께서는 평생 배움의 끈을 놓지 않으셨다. 생계를 위해 일찍부터 농사나 공장으로 향했던 그 시절의 많은 청년들과 달리, 아버지는 10대 후반에 결혼하여 가정을 꾸린 이후에도 학문을 향한

열망만큼은 포기하지 않으셨다. 경주에서 낮에는 자동차정비공장에서 기름때 묻은 손으로 땀을 흘리셨지만, 밤이 되면 펜을 들고 배움의 길을 멈추지 않으셨다. 삶의 가장 어려운 순간에도 책을 놓지 않던 그 끈기야말로 제게 물려주신 가장 큰 가르침이었다.

아버지는 가난을 이유로 도망가지 않고, 가난을 이유로 자신을 단련했다. 가정과 배움과 노동을 동시에 지켜낸 흔치 않은 사람이었다. 그리고 마침내 사범학교 연수과를 수료해 초등학교 선생님이 되었다. 아버지가 교단에 섰던 첫날, 학생들이 "선생님!" 하고 부르던 소리를 어머니는 아직도 생생하게 기억하신다.

옥대초등학교 시절 스물다섯의 젊은 교사

아버지가 군 제대후 첫 부임을 받은 곳은 영주시 단산면 옥대초등학교였다. 그 시절 옥대는 지금보다 훨씬 더 외진 곳이었고, 산과 들로 둘러싸인 작은 학교였다.

아버지는 스물다섯의 젊은 교사였지만 마을 어르신들은 아버지를 '선생님'이라고 부르며 존중했고, 아이들은 아버지를 잘 따랐다.

가난한 학부모 집에서 쌀을 모아 선생님께 주곤 했다는 그 시절의 따뜻한 정은 아버지의 교직 철학을 단단하게 만들어 주었다.

큰형(송우달)이 태어난 해, 어린 제자들이 돌아가며 큰형을 안아주고 업어주었다고 한다. 그 이야기를 들을 때마다 나는 가난했지만 보살핌이 풍성했던 그 시대의 공동체가 얼마나 아름다웠는지 실감한다. 아버지는 그 시절에 대해 이렇게 말씀하셨다.

"그땐 힘들어도, 사람이 사람을 도우며 살았어. 그래서 하루하

아버지 장학지도 (1981년 5월)

루가 고맙고 즐거웠지."

젊은 교사는 그렇게 '사람을 가르치는 일은 곧 사람을 사랑하는 일'이라는 철학을 익혀갔다.

아버지의 일생 끊임없는 노력

아버지께서는 옥대초등학교를 시작으로, 안정초등학교, 영주초등학교 등 영주관내에서 초등학교 교사를 역임하고, 영주는 물론 봉화와 예천 등지 교감·장학사·교장·교육장으로 이어지는 길을 걸으셨다.

아버지는 제자들에게는 엄격하면서도 자애로운 분이셨다. 어린 시절, 아버지께서 방과 후 학습을 우리 집에서 하시던 기억이 많이 남아 있다. 고향에 돌아와 보니, 그 시절 아버지께 많은 가르침을 받았다고 말하는 분들을 자주 만나게 된다. 한편, 아버지의 일생은 끊임없는 노력의 연속이었다. 정규사범대학교를 거치지 않으셔서, 40대 후반에 방송통신대학에 입학하고 졸업하셨고, 정규사범대학교를 졸업하신 분들도 채 걷지못한 길을 걸으셨다.

아버지께서는 자식들에게는 상당히 엄격하셨다. 자식들이 허튼 짓을 하지 못하도록 늘 바른길로 인도하셨지만, 유독 책을 읽는 것만큼은 아낌없이 허용하고 권장하셨다. 덕분에 우리는 어린 시절부터 책과 신문을 가까이하며 자연스럽게 지식을 쌓고 세상을 보는 눈을 키울 수 있었다.

나는 어린 시절, 늘 책상에 앉아 밤늦도록 교재를 보던 아버지의 뒷모습을 보며 자랐다. "잔잔한 파도는 노련한 뱃사공을 키우지 않는다"라는 아버지의 말씀은 내 가슴에 깊이 새겨졌다. 고통과 도

부모님 부산여행 (1978년 4월)

아버지 정년 퇴임 (1999년 8월)

전이 없으면 성장은 없다는 진리였다.

구순이 넘은 요즘도 아버지께서는 일정한 루틴을 갖고 생활하신다. 아침에 맨손체조와 공이 없이 테니스 치는 연습, 오전 열한 시쯤이면 자전거나 버스를 타고 시청, KT, 농협 등을 돌면서 신문과 잡지를 보면서 최근 시사 파악, 오후에는 글 정리 등…

어머니의 삶 조용하지만 가장 강한 사람

어머니(반윤임; 潘潤任)는 거제반씨(巨濟潘氏) 전기당파(全期黨派) 24대손으로 1남 4녀 중 장녀이다. 장수면 파지리가 고향인 어머니께서 안정면 내줄리에 사시는 아버지와 결혼하게 된 데에는 둘째 고모의 역할이 컸다. 파지리로 시집간 둘째고모께서 이웃동네에 살던 어머니와 아버지를 짝지어주셨다.

우리 집에서 가장 강한 사람은 사실 어머니였다. 큰소리를 내지 않고, 남 앞에서 잘 울지 않으면서도 가족을 지키기 위해 한순간도 물러서지 않던 분이었다.

어머니는 외동아들 집에 시집와 시어머니를 40년 넘게 모셨다. 그 시절 시집살이는 고되었고, 살림은 넉넉하지 않았다. 하지만 어머니는 형제 넷을 키우면서도 한 번도 "배우지 말라"고 한 적이 없다.

어머니의 기준에서 교육은 부자가 되기 위한 수단이 아니라 '자식이 자기 삶을 자기 발로 걸어가기 위한 힘'이었다. 아침마다 자전거 통학하는 우리를 위해 도시락을 싸서 대문 앞에 걸어두고, 우리가 밥을 먹는 동안 자전거를 미리 꺼내 놓곤 했다.

그런 어머니의 작은 배려 하나가 아침마다 우리의 하루를 부드럽게 열어주었다. 시험 전날이면 어머니는 조용히 상 위에 정한수를 올리고, 두 손 모아 기도하셨다. 그 모습은 아직도 선명하다.

어머니는 무언가를 길게 말하지 않으셨다. 대신 행동으로 사랑을 보여주셨다. 이 사랑이 우리 형제 모두의 인생을 지탱하는 보이지 않는 척추가 되었다.

네 형제의 이야기 같은 뿌리, 다른 가지

우리는 아들 넷이다. 가난했지만 형제간의 정은 누구보다도 돈독했다.

큰형(송우달; 宋宇達) 사람을 이어주는 다리

사교성이 탁월하고 어디서든 친구를 만드는 사람. 우리 가족이

작은형(송의달) 가족 (2025년 初)

처음 도시로 나갔을 때 새로운 환경에 가장 잘 적응한 사람이 큰형이었다. 중앙대학교 재학 시절부터 대학신문 편집부장을 맡은 큰형은 한겨레신문 창간 멤버로 한겨레신문사 노조위원장, 총괄전무(부사장), 비즈니스 포스트 사장을 역임하였다.

둘째 형(송의달: 宋義達) 성실한 전문가

대영중학교 수석 입학, 깊이 있는 독서와 취재, 그리고 집필활동, 형의 조용한 성실함은 우리 가족 모두에게 귀감이었다. 조선일보 산업부 기자, 홍콩특파원, 조선비즈 사장, 조선일보 편집부국장, 서울시립대 교수를 거쳐 현재 파이낸셜뉴스 대표로 재직중이다. 특히 2024년 미국 대통령 선거 4개월 전에 트럼프 대통령의 당선을 예측한『신의 개입』을 저술한 것으로 유명하다.

나 공직의 길을 선택한 사람.

처음에는 언론계에 관심이 있었지만, 비판을 하는것도 중요하지만 사회에 건설적인 역할을 해야할 사람도 필요하다, "나는 사회를 발전시키는 일을 해야겠다"고 생각하여 행정부에서의 역할을 선택했다. 그 길 끝에서 해양수산부 차관까지 오르게 될 줄은 그때는 몰랐다.

막내(송웅달; 宋雄達) 창의적인 스토리텔러

KBS에서 슈퍼피쉬·명견만리(明見萬里)·키스더유니버스 등 굵직한 프로그램을 만든 명PD. '여섯시 내고향'에서 영주를 촬영하고, 영주의 학교들에 '도전 골든벨'을 열게 했을 만큼 고향 사랑이 깊은 사람이다. 협력제작국장, 교양다큐1국장을 거쳐 현재 KBS 시사교양1국장으로 재직중이다.

우리는 서로 다른 길을 가고 있지만, 그 길들은 어머니의 헌신, 아버지의 배움, 그리고 고향의 교육철학이라는 한 뿌리로 연결된 나무의 가지들이다.

관사골의 풍경 공동체가 나를 키우다.

관사골은 내 인생에서 소소하지만 소중한 '인간학의 학교'였다. 연탄 냄새가 골목을 메우던 겨울, 여름이면 비 온 뒤 진흙탕 냄새가 진하게 배어 있던 골목, 공동샘물에서 아침을 시작하는 아줌마들….

관사골의 하루는 사람 냄새로 가득했다.

아침마다 서로 "잘 잤나?" 하고 인사를 나누던 이웃들, 철탄산 밑에서 아카시아 꽃 따먹으며 뛰놀던 아이들, 부모님께 불려 들어가는 친구들을 보며 서로 "다음에 또 놀자" 하고 헤어지던 저녁.

관사골 집에서 (1977년 2월)

그 골목은 내게 정직함, 배려, 인간다움, 무엇보다 공동체의 의미를 일깨워준 공간이었다.

초등학교 3학년 때 전기가 들어왔을 때, 관사골의 모든 아이들은 그날을 잊지 못한다. 어머니들이 불을 켜고 끄며 웃으셨고, 아이들은 그 빛 아래서 그림책을 읽었다. 우리에겐 그 작은 변화가 '세상이 바뀌는 순간'처럼 느껴졌다.

이런 변화의 순간들을 겪으며 나는 '삶은 느리게 변하지만, 변화는 언제나 온다'는 한 가지 진리를 배웠다.

불바우의 집 청춘의 무게와 날개를 동시에 준 공간

고등학교 1학년 때 이사한 불바우의 집은 우리 가족에게 상징적인 공간이었다. 관사골의 불편한 단층집에서 벗어나 양옥 2층집으로 들어간 첫날, 우리는 "우리도 큰 집 산다!" 하며 축제를 벌였다. 옥상은 우리의 놀이터이자 쉼터였다.

여름밤이면 형제들과 돗자리 펴고 하늘을 보며 수박을 깨서 먹었다. 가끔 모기에게 물려 긁적여도 그 시간은 너무 소중해서 싫지 않았다. 할머니는 옥상에서 자주 산책을 하셨다.

밤에도, 새벽에도, 마음이 답답할 때마다 옥상 난간에 기대어 구성공원을 바라보며 숨을 고르셨다.

할머니의 그 조용한 뒷모습은 "삶은 고단해도 품위를 잃지 말라"는 묵언의 가르침 같았다. 수십 년이 지나 집은 낡았고 부모님도 연세가 드셨지만 어머니는 여전히 이 집을 떠나지 않으려 한다.

"그래도 4형제 잘 키운 집이다. 나는 이 집이 좋다." 이 말에는 세월의 무게와 사랑의 깊이가 함께 담겨 있었다.

가치관의 형성 아버지의 세 가지 조언

아버지는 내게 세 가지 선택이 인생을 결정한다고 하셨다.

"가치관과 직업 그리고 배우자였다."

가치관은 판단의 중심이고 직업은 평생의 무대이고 배우자는 삶의 동반자이다.

아버지는 늘 명분, 원칙, 합리성을 강조하셨다. 그 가르침 덕분에 나는 중앙부처에서 어떤 유혹이나 압력에도 흔들리지 않는 '정책의 기준'을 세울 수 있었다.

그리고 배우자를 선택할 때, 아버지 말대로 나는 '삶의 방향이 같은 사람'을 만나 오늘까지 함께 가고 있다.

고향이 준 자산, 세 가지

고향 영주는 내게 세 가지를 주었다.

먼저 정직과 성실이다.

고향 어른들의 삶은 꾸밈이 없었다. 말보다는 행동으로 보여주셨고, 노동은 귀하고, 사람은 소중하다는 가치를 몸으로 배웠다.

둘째로 공동체 정신이다.

도시락 반찬을 나누던 친구들, 어려움이 있으면 마을 전체가 도왔던 관사골의 풍경. 이 공동체는 나에게 '함께 사는 법'을 알려주었다.

셋째는 끈기와 회복력이다.

내가 행정고시에 실패했을 때, 나는 고향의 품에서 다시 일어설 힘을 얻었다. 부모님의 조용한 격려, 친구들의 따뜻한 말 한마디가 내 삶을 다시 전진하게 했다.

부모님과 4형제 식사 (2024년 9월)

고향이 키워준 사람, 이제 고향에 빚을 갚을 시간

나는 내 인생의 대부분을 정책 현장에서 보냈다. 정책은 숫자와 제도처럼 보이지만, 사실은 사람의 삶을 다루는 일이다.

그 일을 해낼 수 있었던 이유는 내줄리의 흙냄새, 관사골의 작은 골목들, 불바우 집의 햇살, 아버지의 공부, 어머니의 기도, 형제의 웃음….

이 모든 것이 내 마음의 기반이었기 때문이다. 그래서 나는 늘 말한다.

"나는 고향이 키워준 사람이다."

그리고 이제는 고향의 미래를 키우는 사람이 되고 싶다.

중앙부처에서 쌓은 경험과 삶에서 배운 원칙을 영주의 발전을 위해 기꺼이 쓸 것이다.

이 책의 다음 장부터 나는 '고향의 오늘과 내일'을 이야기하려 한다. 고향이 주신 은혜를 이제는 내가 되돌려드릴 차례다.

제1부

고향이
키워준 사람

내줄리에서 시작된 인생

흙냄새, 바람 냄새, 사람 냄새 속에서 자라다.

내 인생의 첫 장은 영주 안정면 내줄리에서 시작되었다. 이곳은 도시의 화려함이나 큰 시장의 북적임은 없었지만, 세상 어떤 학교보다 풍성한 배움을 주는 공간이었다.

아침이면 안개가 들판을 덮고, 구름이 앞산 능선을 따라 천천히 흘렀다. 해가 떠오르면 물안개가 걷히면서 논 위에 반짝이는 이슬이 보석처럼 빛났다. 그 반짝임 속을 벌레들이 뛰어다니고, 논두렁 아래에서는 개구리가 울었다.

내줄리의 사계절

봄, 논마다 물을 대고 모판을 놓는 소리가 들렸다. 마을 어른들이 "올해는 풍년일까?" 하며 서로의 얼굴을 바라보던 낙관과 우려가 공존하던 계절.

여름, 아이들은 개울에서 물장난을 하고, 아침에는 나뭇가지에서 매미 소리가 터졌다.

가을, 추수를 하는 어른들의 손놀림이 바쁘고도 리듬감 있게 움직였다.

겨울, 눈이 오면 온 마을이 조용해지고, 아이들은 눈덩이를 굴리며 서로를 불렀다.

이 모든 풍경은 '가난했지만 풍요로웠던 삶'을 보여주는 하나의 교과서 같았다. 나는 그 안에서 자연을 배웠고, 인내를 배웠고, 사람과 사람의 관계를 배웠다.

형제들과의 첫 인생 수업

아들 넷 중 셋째인 나는 모두에게 배울 것이, 모두에게 챙길 것이 있었다. 큰형은 리더십을, 둘째 형은 깊이 있는 공부를, 막내는 순수함을 지켜주는 법을 가르쳐주었다.

'중간 역할'이 자연스러웠던 나는 사람의 감정과 마음을 읽는 법을 일찍 익혔다.

훗날 공직에서 협상을 하거나 갈등을 조정할 때 이 '중간을 잇는 역할'이 나의 가장 큰 자산이 되었다.

지금 돌이켜보면, 내줄리에서 보낸 그 어린 시절은 단순한 추억이 아니라 내 정신세계의 바탕을 이루는 첫 번째 뿌리였다.

관사골의 시간

골목이 가르쳐준 배움의 가치를 알게 되다.

우리가 영주 읍내 관사골로 이사 온 것은 내가 다섯 살 무렵이다. 거기서부터 본격적인 '사회생활의 학교'가 시작되었다. 관사골은 지금으로 치면 '반도시·반시골' 형태였다. 시멘트와 흙길이 섞여 있었고, 아이들 웃음소리가 끊이지 않았다.

관사골의 하루

아침 7시가 되면 어머니들이 대문 앞을 쓸고, 8시가 되면 아이들이 "야, 학교 가자!" 하고 부르고, 오후에는 남자아이들 골목축구가 골목을 흔들고, 저녁이면 아버지들의 퇴근 발걸음이 골목을 채웠다.

특히 마을 공동 우물은 마을의 심장 같은 공간이었다. 서로 물을 긷고, 소식을 나누고, 서로의 삶을 이해하는 '관사골판 SNS'였다.

관사골집 형제들과 (1975년 여름)

아이들은 그 주변을 놀이터 삼아 놀았고, 어머니들은 서로 아이를 봐주며 공동체를 이루었다.

관사골이 준 세 가지 힘

관사골은 나에게 세가지 힘을 주었다.

관계 맺기의 기술, 공동체의 힘이 개인을 지탱한다는 사실, 책임과 역할이 자연스럽게 생기는 삶의 구조. 이곳에서의 경험은 나를 사회적 존재로 만들었다.

초등학생 시절

책을 통해 세상을 넓히다.

초등 졸업식 (1978년 2월)

초등학교 3학년 때 집에 전기가 처음 들어왔다. 전등을 켰을 때 방이 환해지던 감격은 아직도 기억난다. 그리고 그 무렵 아버지가 큰맘을 먹고 사주신 '딱따구리 그레이트 북스' 100권 전집. 나는 그 책들을 한 달도 안 되어 다 읽었다.

그 전집은 내 인생을 바꿨다.

책을 읽는 동안 나는 마치 '자신만의 세계를 가진 탐험가'가 된 듯한 기분을 느꼈다.

아프리카 숲을 걸어다니는 기분, 사막을 지나며 모래바람을 맞는 기분, 바다 밑을 탐험하는 잠수사가 된 기분….

그 경험이 나를 공부로 이끌었다. 앞으로 어떤 어려움이 와도 '배움이 길을 넓힌다.'는 사실을 체득한 시기였다.

중학생 시절

경쟁 속에서도 우정을 지키는 법을 배웠다.

중학교 입학식 날, 나는 뜻밖의 소식을 들었다. 수석 입학. 그날 이후 내 삶에는 '보여야 하는 삶'이라는 책임감이 생겼다.

학업과 우정의 경계

중학교 시절은 경쟁이 시작되는 시기이지만, 우정이 더욱 깊어지는 시기이기도 했다.

나는 성적이 좋았지만 친구들의 부러움과 부담감을 느끼지 않게 하려고 항상 공부 자료를 나누고, 설명해주고, 서로 돕는 분위기를 만들고 싶었다. 한 친구는 나에게 말했다.

"너랑 있으면 공부가 부담스럽지 않다."

그 말은 나에게 큰 힘이 되었다. '경쟁 속에서도 공동체가 가능하다.'는 사실을 깨달은 순간이었다.

중학교 2학년 여름 (1979년 7월)

관사골 청소년들의 일상

학교가 끝나면 구성공원에서 뛰어놀고, 철탄산에서 아카시아 꽃을 따 먹고, 여름이면 서천에서 발을 담그며 놀았다. 그 시절의 자연은 아이들의 감성을 풍요롭게 해주는 살아 있는 교실이었다.

고등학교 시절

청춘의 고민과 우정이 깊어지던 때

고등학교에 진학하고 그해 여름에 집은 불바우로 이사했다. 그곳에서의 시절은 '청춘의 시간'이었다. 학교에서 돌아오면 친구들과 불바우 일대를 거닐었다.

학교에서 도시락을 까먹으며 공부하던 시절, 친구들은 내 도시락 반찬을 몰래 가져가면서도 "너는 공부 잘하니까 괜찮다."며 웃었다.

청춘의 고민

고등학교 시절 대학 입시의 부담과 미래에 대한 막연한 두려움, 사랑에 대한 설렘, 우정에 대한 충만함. 이 감정들은 소백산에서 불어오는 바람처럼 순수하면서도 진지했다.

또한 고등학교 시절, 나는 '영주가 경북 북부의 중심 도시'였던

불바우집 옥상 (1984년 2월)

시절을 직접 느꼈다.

서천 둔치를 친구와 산책하며 “우리가 나중에 어떤 사람이 될까?” 이야기 나누던 순간이 아직도 기억난다.

불바우 집의 풍경

우리집에는 옥상이 있었는데 옥상에서 수박을 먹고, 별을 보며 이야기하고, 형제들과, 친구들과 장난치던 날들은 내 청춘에서 가장 깨끗한 시간이었다.

방위 시절

무너진 나를 다시 일으킨 고향의 품

행정고시에 낙방한 후 스물여섯의 나이로 돌아온 고향은 쓰라린 시절을 위로해 준 품이었다. 안심리 '18경비대대'에서 방위로 복무하며 나는 겸손과 관계, 인간에 대한 이해를 다시 배웠다.

고참이 동생의 친구라니

배치 첫날 만난 고참이 동생의 친구와 후배들이라는 사실은 지금도 잊기 어렵다.

그들은 나를 편하게 대하려고 노력했고, 나는 그들의 배려를 느끼며 다시 마음을 펴기 시작했다.

힘들 때 고향에서 위로를 받았다.

고향의 응원

낙방의 상처가 나를 괴롭힐 때 고향 친구들은 이렇게 말했다.

"명달아, 너라면 할 수 있다."

그 한마디가 내 마음을 다시 일어서게 해주었다. 결국 나는 다시 공부했고, 행정고시에 합격했다.

고향이 준 세 가지 자산

고향 영주는 나에게 정직, 공동체, 끈기를 심어 주었다. 내 생애 모든 순간의 기반. 고향은 내게 문장 하나보다 더 강한 가르침을 심어 주었다.

정직과 성실

고향 어른들은 말보다 행동이 앞섰다. 어떤 상황에서도 바른 선택을 했고, 자신이 해낸 일에 대한 자부심이 있었다.

공동체의 힘

관사골과 불바우의 작은 골목은 나에게 '사람이 사람을 지탱한다'는 사실을 가르쳐주었다.

포기하지 않는 끈기

낙방에도, 실수에도, 좌절에도 고향은 나를 비난하지 않았다. 대신 조용히 지켜주고 다시 일어나도록 힘을 주었다.

송명달이 보고 자란 소백산

고향이 키워준 사람

나의 정체성

나는 지금도 스스로를 이렇게 소개한다.

"나는 고향 영주가 키워준 사람입니다."

내줄리의 자연, 관사골의 공동체, 불바우의 청춘, 방위 시절의 절망과 회복. 그 모든 것이 '송명달'이라는 사람의 뼈대를 이룬다.

그리고 이제는 고향의 미래를 그리는 사람이 되고 싶다. 고향이 내게 준 것들을 이제는 내가 돌려드릴 차례라고 생각한다.

고향이라는 영원한 뿌리

고향 영주는 내 출발점이며, 내가 쓰러질 때 다시 서게 해준 힘이며, 또 앞으로 나아갈 수 있게 해주는 근원이다. 정책을 만들 때도, 중앙부처에서 결정을 내릴 때도, 나는 늘 고향을 떠올렸다.

작은형 대학 졸업 (1986년 2월)

"내 고향 사람들은 이 결정을 들으면 어떻게 생각할까?"

이 질문은 내가 공직자로서 어떤 길을 걸어야 하는지 알려주는 나침반이었다. 이제 나는 고향의 미래를 위해 내 삶의 후반부를 쓰려 한다. 고향이 키워준 사람. 이제는 고향을 키우는 사람이 되고자 한다.

제2부

중앙부처의 소중한 경험

나는 다시 한번 마음속으로 다짐한다.

부모님이 지켜본 내 인생, 고향이 만들어준 마음의 기반, 중앙에서 쌓아온 전문성과 네트워크…. 이 모든 경험을 영주라는 도시의 미래를 위해 쓸 것이다.

그리고 나는 믿는다.

"고향을 떠났던 사람이 고향을 위해 돌아올 때, 지역은 다시 힘을 얻는다."

첫발, 사무관 시절의 깨달음

'배움의 겸손'이 공직의 시작이었다.

첫 출근은 지금도 생생하게 기억난다.

행정고시에 합격하고 나서 30대 초반의 나는 '공무원'이라는 단어가 주는 막연한 권위와 무게만 생각했지, 그 자리가 얼마나 복잡한 이해관계와 고도의 전문성을 요구하는지 충분히 알지 못했다. 연수원으로 출근하기 전날 아버지와 어머니는 장난 반 진심 반으로 이렇게 말씀하셨다.

"이제 너는 너 하나가 아니라, 한 나라의 삶을 책임지는 자리로 들어가는 거다."

그 말의 무게를 완전히 이해한 것은 10년이 지난 뒤였다. 그때는 단지 설레고 긴장될 뿐이었다.

신입직원 선서

행시동기연수 (1997년)

해양수산부, '바다만 담당하는 부처'가 아니었다.

해양수산부는 언뜻 보면 '바다·선박·어업'을 다루는 부처처럼 보인다. 그러나 막상 들어가 보니 교통·물류·국제협력·재난·기후변화·환경·식품·물 등 나라의 거의 모든 분야와 맞닿아 있는 '종합정책 부처'였다.

정책을 설계하고, 예산을 확보하고, 민간투자를 끌어오고, 국제 무대에서 조약을 논하고, 전국 지방자치단체와 갈등을 조정하는 일이 해양수산부의 일상이었다. 나는 소백산 자락에서 자랐고 바다와는 멀었다.

그런데도 해양 분야에서 차관까지 올라갈 줄은 몰랐고, 주변 사람들도 "어떻게 바다 쪽 일을 하게 되었느냐"고 자주 물었다.

사실 그 뿌리를 더듬으면 초등학생 때 읽었던 『해저 2만리』, 『15소년 표류기』, 『로빈슨 크루소』 같은 책들과 초등학교 6학년 수학여행 때 처음 보았던 포항 앞바다의 광경에 있다.

끝없이 펼쳐진 바다는 어린 나에게 '세상은 넓고, 가능성은 무한하다' 라는 메시지를 주었다.

또한 교과서에 실렸던 동원그룹 김재철 회장의 「남태평양에서」라는 글.

원양어선에서 고된 일을 마친 뒤 갑판에 누워 남십자성을 바라보던 그의 글은 내 마음 한 구석에 '미지의 세계로 나아가는 삶'을 꿈꾸게 만들었다.

그 꿈이 아주 깊숙한 어딘가에서 씨앗처럼 남아 있다가 결국 해양수산부라는 인생의 무대와 연결된 것이다.

공직생활 시작 (1997년 02월)

첫 번째 위기 감사원 감사, 그리고 '정책'이라는 세계를 처음 마주하다.

사무관 2년 차.

나는 부산지방해운항만청에서 부산항 컨테이너물류체계를 담당하고 있었다.

경험도 적고, 현장을 충분히 이해하기도 전에 업무가 감사원 감사 대상이 된다는 소식을 들었다.

"감사원이 부산항 ODCY(Off Dock Container Yard; 부두밖컨테이너장치장) 운영 실태를 조사한다 합니다."

그날 오후, 선배는 내게 보고자료를 정리해오라고 했다. ODCY는 부산항이 수요에 비해 시설이 부족해 부두 밖에서 컨테이너를 처리해야 하는 부산항만의 현실이 만든 '불가피한 구조'였다. 그날부터 밤을 새워 부산항을 중심으로 하는 우리나라의 컨테이너물류체계를 공부하며, 부산항 ODCY 운영실태에 대해 분석하고, 불가피성을 설득하면서 감사원 감사에 대응하였다.

그러나 감사원은 '광양항 활성화'라는 큰 정책 프레임을 가지고 있었고, 따라서 부산항 ODCY의 존재 자체를 '비효율'로 규정하고 있었다. 신출내기 사무관이 국가정책-지역경제-물류산업-감사원 논리의 한가운데 서 있었던 것이다.

정책은 원칙 위에서만 살아남는다.

감사관은 아주 직설적으로 질문했다.

"ODCY를 폐쇄하면 부산항이 정상화되는 것 아닙니까?"

"왜 시설 부족을 시민들의 비용으로 메우고 있습니까?"

"부산항의 구조적 비효율을 정부가 방치한 것 아닙니까?"

나는 부산항의 현황, 물류량, 민간투자 상황, 항만 인프라 부족 등을 근거로 설명했다.

하지만 감사원이 이미 '폐쇄'를 전제로 논리를 구축하고 있다는 느낌을 지울 수 없었다. 그때 나는 공직의 냉정한 본질을 처음 체감했다. 정책은 선의만으로 되지 않는다.

법적 근거, 경제성, 지역경제, 운영현실, 그리고 정치적 변수까지 모두 설득해야 한다.

이 순간이야말로 내가 '정책이라는 세계'에 발을 들여놓은 첫 장면이었다.

그리고 그 경험은 나라는 인간을 완전히 바꾸어 놓았다.

'정책은 누군가의 삶을 좌우한다'는 사실,

'정책 판단에는 반드시 법·절차·합리성이 필요하다'는 사실,

'전국 언론과 감사원이 언제든 정책을 다르게 해석할 수 있다'는 사실. 나는 그때 깨달았다.

정책은 원칙 위에서만 살아남는다. 그리고 정책 담당자는 언제나 '양쪽 눈'을 가져야 한다. 그 깨달음은 이후 30년 공직생활의 기준이 되었다.

그럼에도 내가 무너지지 않았던 이유

부산해운항만청에서의 초임 사무관 시절 어느날, 회사에 가기가 싫었다. 왜그럴까 곰곰이 생각해보니, 업무를 잘 몰라서 사무실에 가는것 자체가 두려웠던 것이다.

갑자기 20대에서 50대까지 30년간 인생의 가장 화려한 시절을 직장에서 보내야하는데, 직장생활이 즐겁지 않으면 인생이 너무 불행하겠다는 각성이 들었다.

바로 그날부터 야근하면서 업무를 파악했고, 보직을 옮길때면 한달은 야근하면서 업무를익혔는데, 그 시간이 점점 단축되는것을 느꼈다. 나는 스스로에게 이렇게 말했다.

"이 길을 계속 가고 싶다면,

'왜' 일을 하는지 흔들리지 말아야 한다."

매일 부산항에 나가 컨테이너 적하 작업을 눈으로 보며 물류·현장·기업의 실제 문제를 이해하려고 했다. 밤에는 항만·해운 자료를 정독하고, 국내외 연구보고서를 읽었다.

때로는 선배들에게 무한질문을 던지며 배웠다.

그 과정에서 나는 조금씩 '정책의 언어'를 이해하기 시작했다.

그리고 마음속으로 다짐했다.

"내가 책임지는 정책은 누가 보아도 떳떳하고, 어느 시각에서 보아도 타당한 정책이어야 한다."

이 다짐이 이후 3대 현안(부산신항·항만공사·수협 구조조정)을 모두 맡아 해결하게 되는 내 인생의 '다음 장'을 열었다.

세 가지 큰 산이 남긴 교훈

큰 정책일수록, 논리·원칙·사람이 모두 필요하다

2000년대 초반 해양수산부에는 누구나 한 번은 넘어야 할, 이른바 '3대 난제'가 존재했다.

부산신항, 항만공사법, 그리고 수협 구조조정. 그 당시 선배들이 "이 세 가지 중 하나만 제대로 해결해도 공직자로 평생 기억된다."고 말할 만큼 난도가 높았고, 세 정책 모두 지역·정치·경제·현장·국민 여론이 얽히고설킨 거대한 매듭이었다.

나는 운명처럼 이 세 가지 현안을 모두 연속해서 맡게 되었다.

돌이켜보면 그 경험이 내 공직 인생의 기둥이 되었고, 국가 정책이 움직이는 실체를 내 몸으로 배운 시간이었다.

부산항신항 민자사업 '협상은 이기는 것이 아니라, 모두가 수용할 논리를 찾는 것'

부산항신항 민자사업은 당시 해양수산부 최대 현안이었다.

추정 사업비만 1조 원이 넘는 초대형 프로젝트였고, 삼성물산(건설부문) 중심의 민간 컨소시엄과 정부, 부산시, 지역 상공계, 노동계, 언론까지 모든 이해관계자가 얽혀 있었다.

IMF 이후 삼성 컨소시엄의 '24선석 → 6선석 축소' 충격

원래 계획은 24선석 전면 개장이었다.

그러나 IMF 이후 민간 투자 여력이 급감하면서 삼성 컨소시엄은 정부에 "6선석만 투자하겠다"고 통보했다. 이 소식은 부산 지역사회 전체를 뒤흔들었다.

"부산항이 죽는다."

"정부가 부산을 버렸다."

"IMF 핑계로 국가 기간산업을 축소한다."

언론은 연일 비판 기사를 쏟아냈고, 지역 정치권은 정부를 향해 목소리를 높였다.

해양수산부 내부는 "민간을 설득해야 한다."와 "현실적으로 6선석도 어렵다."는 의견이 팽팽히 맞섰다.

이때 나는 실무 담당자로 삼성 컨소시엄 자료를 밤새 분석하며 정부가 취할 수 있는 시나리오를 그렸다.

그러던 어느 날, 민간 측이 6선석 이상의 투자는 불가능하다는 입장을 고수하며 협상은 교착 상태에 빠졌다.

부산항신항

ODCY 즉시 폐쇄 vs 단계적 폐쇄

두 번째 큰 갈등은 ODCY 폐쇄 시기였다. 민간은 주장했다.

"ODCY를 빨리 없애야 터미널의 생산성이 올라가고, 부산신항도 개장할 수 있습니다."

하지만 정부와 부산해양수산청는 즉시 폐쇄가 가져올 부산항 운영 리스크를 우려했다.

그때 나는 새벽에 문득 떠오른 생각을 급히 메모했다.

"ODCY를 성급히 없애면 물량이 부산항이 아니라 일본항이나 광양항으로 빠져나갈 수 있다." 이 논리는 민간도 반박하기 어려웠고, 부산 지역의 반발을 잠재울 수 있었다.

다음 협상에서 내가 이 논리를 펼치자 민간 측은 처음으로 입장을 조정했고 정부도 단계적 폐쇄라는 현실적 해법을 찾기 시작했다. 그날 밤 나는 깨달았다.

"협상은 상대를 이기는 게임이 아니다. 상대도 피해 보지 않는 지점을 찾는 '지혜의 과정'이다."

부산항신항 사업의 최종 타결, 그리고 배운 점

협상은 결국 24선석 중 10선석을 개발하되, 6선석 우선 개발, ODCY는 단계적 폐쇄라는 '현실적 최선'을 찾았다.

부산항신항은 이후 글로벌물동량 6위를 기록하며 대한민국 물류경쟁력을 세계 수준으로 끌어올렸다. 그때 배운 교훈 하나. "큰 사업일수록, 명분과 논리만으로는 안 되고 현실과 사람을 함께 설계해야 성공한다."

부산항만공사 설립 원칙을 고수한다는 것의 의미

항만공사 설립 논의는 부산신항 못지않게 뜨거웠다.

그때까지 해양수산부는 "기존 항만의 관리운영은 항만공사가, 신항만의 건설은 국가가 하자"는 큰 틀을 보고했지만 나는 그 안에 위험이 있다고 판단했다.

항만 간 재정 여력 차이, 수역시설(방파제·준설)의 관리 책임 문제, 소규모 항만공사가 난립할 경우 부채 증가 가능성, 그래서 자료를 파고든 끝에 하나의 결론을 냈다.

"육상시설만 항만공사가 맡고, 수역시설은 국가가 책임져야 한다."

실장·국장·과장·사무관이 모두 모인 '운명의 회의'

당시 실장님은 이미 대통령 당선인에게 '기존항만의 관리운영을 항만공사로 넘기는 방안'을 보고한 뒤였다.

그 회의에서 과장님이 내게 말했다.

"송 사무관, 의견 있습니까?"

그 말을 듣는 순간 나의 심장소리가 크게 들렸다.

하지만 나는 준비한 내용을 침착히 말했다.

"기존 항만의 관리운영을 항만공사가 맡게 한다면, 전국 10여개 무역항 모두 항만공사체제로 가게 됩니다. 이는 국가재정부담이 커지고 행정 및 물류체계의 비효율을 초래합니다.

항만공사가 재정여건을 감안하여 책임경영토록 하려면 안전과 직결되고 재정부담이 큰 수역시설은 국가가 관리하고, 육역시설은 항만공사가 개발 및 관리하도록 하여야 합니다."

회의실이 조용해졌다.

실장님은 잠시 눈을 감고 생각하시더니 마침내 이렇게 말했다.

"좋습니다. 송 사무관이 말한 안대로 갑시다."

그날 나는 '공직에서 논리는 언제 어디서든 통한다'는 것을 배웠다.

수협 구조조정 원칙을 지키는 일은 쉽지만은 않다.

수협 구조조정은 내 공직 인생에서 가장 거칠고 힘든 현장이었다. 부실 수협을 정리하는 과정에서 조합원들의 반발은 거셌다.

어느날 출근하는 길에 구조조정 대상 조합원 수십 명이 몰려와 소리쳤다.

"정부가 우릴 버리려 한다!"

"우리 수협을 없애면 어민들은 어떻게 하란 말이냐!"

그중 몇 명은 내 멱살을 잡고 흔들었다.

역시 젊은 서기관에게는 충격적인 경험이었다.

남해안 어느 지역에 설명하러 갔다가 의자를 가로막고 문을 잠

가 5시간 넘게 사실상 '감금'되다시피 한 적도 있다. 그 시간 동안 나는

"이분들의 분노는 정부를 향한 것이라기보다 삶의 기반이 무너질지 모른다는 두려움 때문이구나" 라고 느꼈다.

그날부터 나는 부실조합보다 정부와 수협중앙회가 구조조정과정에서 조합원들의 어업활동을 더 확실히 지원할 수 있으며, 건전한 조합으로 합병되는 것이 조합원들에게 더 이익이 됨을 설명해 나갔다. 수개월의 논의 끝에 조합원들과의 합의를 거쳐 구조조정이 마무리되었다.

그때 현장 직원들이 내게 붙여준 별명이 있다.

"독일병정(독일군 병사)"

한 치도 흔들리지 않고 원칙대로 전진하는 사람이라는 뜻이었다.

나는 그 별명이 자랑스럽다. 그만큼 원칙을 지켰다는 의미이기 때문이다.

세 산을 넘고 난 후 깨달은 것

세 정책 모두 힘들었다. 때로는 두려웠고, 때로는 외로웠고, 때로는 앞이 보이지 않았다.

그러나 지금 돌아보면 이 세 가지 경험이 내 공직 인생의 본질을 알려주었다.

정책은 '의도'보다 '논리'가 중요하다.

가장 선한 의도도 제대로 설계되지 않으면 부작용이 생긴다.

갈등은 피하는 것이 아니라 '조정하는 것'이다.

정책은 항상 누군가의 저항을 동반한다. 그 갈등을 조정하는 것이 정책 담당자의 역할이다.

원칙은 결국 이긴다.

원칙을 끝까지 지키면 시간이 걸려도 사람들은 그 정당성을 인정한다.

국가는 세부 조정으로 움직인다.

대형 정책이든 작은 제도든 실제 국가는 '세부 설계와 현장의 이해'로 움직인다.

공직은 책임의 직업이다.

내가 서명한 한 줄의 문장이 수천 명의 삶을 바꾸기도 한다.

재정경제부에서 배운 넓은 시야

여수엑스포에서 배운 도시의 미래

부산신항, 항만공사, 수협 구조조정이라는 3대 난제를 연속으로 처리한 뒤, 나는 예상치 못한 기회를 얻었다. 바로 재정경제부 파견이었다. 해양수산부에서 오래 일하면 부처의 시각에 익숙해지고, 정책을 그 범위 내에서만 바라보게 되는 위험이 있다.

그때 마침 재정경제부에서 물류 및 관광 관련 업무를 담당할 사람을 찾았고, 나는 자연스럽게 그 역할을 맡게 되었다. 돌이켜보면 이 시기는 내가 '국가 전체의 구조'를 이해하는 데 큰 전환점이 되었다.

재정경제부 국가 정책의 기본 언어를 배우다.

재경부는 분위기부터 달랐다.

해양수산부가 현장 중심, 사람 중심이라면 재경부는 논리·예산·수치의 세계였다. 말의 길이가 짧고, 질문은 직설적이며, 논리의 빈틈을 절대 허용하지 않는다.

처음 몇 주는 솔직히 당황스러웠다. 보고라인도 다르고, 문장 스타일도 다르고, 경제정책의 프레임이 해양정책과는 완전히 달랐다.

정책을 경제논리로 재해석하다.

재경부에서 맡은 업무는 물류·관광·투자유치 관련 정책 검토였다. 한번은 부산항 관련 보고서를 들고 갔더니 국장님이 아주 간단한 질문을 던졌다.

"송 과장, 이 정책의 문제 정의가 뭐죠?"

"그리고 이 문제를 해결하지 않으면 국가경제는 무엇을 잃게 되죠?"

나는 잠시 말을 멈췄다.

항만의 필요성, 물류의 중요성, 지역경제 효과 등을 설명할 수는 있었지만 그 모든 내용을 "국가경제 관점에서 한 줄로 정의하라."는 질문은 처음 받아보는 것이었다.

그때 국장님이 웃으며 말했다.

"세상 문제의 절반은 핵심을 정확히 파악하면 이미 해결된 거야. 나머지 절반은 그 핵심을 다른 사람에게 설득하는 과정이고."

그 말은 내 공직 인생에서 가장 강렬한 조언 중 하나로 남았다.

나는 그때부터 해양분야 등 정책을 바라볼 때 항상 이렇게 물었다.

국가경제에 어떤 영향이 있는가?

비용과 편익의 구조는 어떤가?

국제 경쟁 속에서 강점·약점은 무엇인가?

여수엑스포 아쿠아리움

장기적으로 지속 가능한가?

재경부는 내게 정책을 하나의 '경제적 구조물'로 보는 분석법을 가르쳐주었다. 이 관점은 훗날 차관 시절, 그리고 각종 정책을 구상할 때까지 내 사고의 틀을 근본적으로 바꾸었다.

여수엑스포 업무 도시의 운명을 바꾸는 앵커 프로젝트를 체감하다.

재경부 파견을 마치고 해양수산부에 돌아와서 일년여 근무한뒤 정부조직 개편에 따라 해양수산부가 국토해양부와 농림수산식품부로 분리 통합되었고, 나는 국토해양부 소속으로 2012 여수세계박람회 조직위원회에 파견되었다.

많은 공무원이 조직위원회 파견을 꺼렸지만, 나는 오히려 설레었다. "도시 한 곳의 인프라가 어떻게 만들어지고 도시가 어떻게 바뀌는지 직접 눈으로 볼 수 있는 절호의 기회"라고 생각했기 때문이다.

여수 시민들의 축제이자 도시의 '도박'

그 시절 여수는 아름다운 바다를 갖고 있으면서도 도시 브랜드는 낮았다. 엑스포는 여수에게 두려움과 희망을 동시에 준 프로젝트였다.

"이 작은 도시에서 세계 엑스포가 가능할까?"

"부담은 크지만, 이 기회가 도시의 운명을 바꿀 수도 있다."

나는 그 긴장과 기대가 공존하는 공기를 매일 피부로 느꼈다.

내가 맡은 임무 호텔, 아쿠아리움 등 '핵심 민자사업'

나는 조직위에서 가장 중요한 민자사업 몇 가지를 맡았다. 그 중에는 호텔(콘도), 아쿠아리움이 있었다. 여기서 아쿠아리움은 실질적으로 여수 엑스포의 상징이자 도시를 대표할 랜드마크였고, 아쿠아리움이 선행되어야 호텔 유치도 해결될 수 있는 실로 중요한 시설이었다. 그러나 몇가지 매우 큰 난관이 있었다.

첫째, 재정지원 문제였다. 아쿠아리움은 일종의 테마파크, 즉 위락시설로 그때까지 정부측에서 사업비를 지원한 사례가 없었다. 당초 여수엑스포 기본계획에서도 아쿠아리움은 100% 민간투자로 건설하는 것으로 계획되어 있었다.

그러나, 내가 만나본 아쿠아리움업계와 전문가들의 공통된 의견은 남해안에 위치한 인구 30만명이 안되는 도시인 여수지역에 민간투자를 통한 아쿠아리움은 불가능하다는 것이었다. 일부업계는 3천톤급(사업비 300억원) 규모의 서울 코엑스아쿠아리움 정도의 아쿠아리움을 정부에서 건설해주면 3년정도 운영은 가능하다는 정도로 부정적 의견을 제시했다.

민간의 의견을 토대로 재정건설 내지 민자유치를 위한 보조금 등 재정지원방안을 예산당국과 논의하였으나, 예산당국은 수익시설, 위락시설에 재정지원은 절대 불가하다는 입장을 고수하였다. 2012년 5월 엑스포 개최시기에 맞춰 운영해야하는데, 이에 대한 진척이 없어서 나의 속은 까맣게 타들어갔다. 서둘러서 아쿠아리움 민자유치 공모를 하였으나, 3천톤급은 커녕 1천톤급으로 건설하겠다는 사업자도 없었다. 1차공모가 무산된 후 당연히 나는 조직위원장님과 국토해양부장관님으로부터 호된 질책을 들어야 했다.

하지만, 1차 공모 무산으로 예산당국에서 그나마 재정지원의 필요성에 대해 공감하게 된 것은 나름의 보이않는 큰 성과였다. 물론 아쿠아리움에 대해서는 최소한의 재정지원이 필요하다는 단서를 주기는 하였지만….

둘째 난관은 아쿠아리움의 규모 문제였다. 아쿠아리움 업계와 전문가들은 여수에 3천톤 이상은 지속가능하지 못하다는 의견을 제시하였으나, 여수 시민사회에서는 아시아 최대급인 1만톤급(사업비 1,000억원 이상)의 아쿠아리움을 요구하였다. 오죽하면 여수시민들은 엑스포에서 다른 시설은 없어도 1만톤급 아쿠아리움만 남으면 된다고 주장할 정도였다. 나는 일본, 대만 등지의 아쿠아리움을 직접 방문하여 운영현황을 조사하고, 미국과 유럽 등지의 대규모 아쿠아리움을 조사한 결과 다음 결론을 냈다.

■ 3천 톤은 너무 작다.

국내 중급 시설과 차별성이 없다. 엑스포 브랜드에 맞지 않는다.

■ 1만 톤급은 엑스포 이후 운영이 안되어 흉물로 남을 가능성이 있다.

운영비 폭증, 수익성 불확실, 기술적 리스크 증가이다.

■ 가장 현실적이면서도 상징적인 규모는 6천 톤.

민간사업자 물색에 앞서 여수시민들 설득이 우선이라고 판단한 나는 가장 강력하게 1만톤급 아쿠아리움 건설을 주장하는 여수시민단체 대표에게 나의 구상을 말해주었다. 그는 나의 입장을 이해해주면서도 시민들에게 직접 설명하고 의견을 청취할 것을 요구하였다. 매주 여수지역을 방문하여 시민대표들을 설득하기 시작했다.

"엑스포를 계기로 여수시가 한 단계 더 성장하려면 '기념비적인 시설'이 필요합니다. 6천 톤급규모이면 국내최대규모로 세계가 주목할 만한 규모고 기업도 설득할 가능성이 있는 범위입니다."

처음에는 1만톤급을 고수하던 여수지역 여론이 두달이 지나면서 조금씩 바뀌는 것을 느꼈다. 물론 공식적으로는 1만톤급이 되어야 한다고 하였지만, 비공식적으로는 국내최대규모라는데 만족하는 눈치였다. 나는 자신감을 갖고 그 정도 규모를 투자하고 운영할 기업을 물색하기 시작했다.

A기업과 B기업은 최대 3천5백톤을 제시하였으나, 마지막으로 만난 한화건설측 담당자는 6천톤급 아쿠아리움 건설에 관심을 가지고 있었으나, 실무임원선에서 결정하기 어렵다고 검토중이라는 말만 되풀이하였다.

'실무자들과 해결할 수 있는 건이 아니다. 최고위층과 직접 연결되어야 한다.'고 생각한 나는 조직위원장님과 당시 여수지역 K국회의원께 지원을 요청드렸다. 다행히 K국회의원과 한화그룹 K회장과의 오랜 인연이 작용하여 한화건설을 협상장으로 끌어낼수 있었다.

마지막 협상은 K국회의원 주재로 한화건설 사장과 직접 하게 되었다. 한화측은 사업비의 70% 이상 재정지원이 필요하다. 그 이하면 아쿠아리움 규모를 재정지원비율에 연동하여 조정해야한다는 입장이었다. 나는 마음에 히든카드를 갖고 있었다. 1천만명 이상의 국내외 관광객이 찾아오는 엑스포에서 아쿠아리움 간판에 한화라는 브랜드명을 쓰게하는 방안이었다. "1천만명 이상의 관광객이 몰리는 엑스포아쿠아리움에 한화 브랜드를 쓰면 그 마케팅효과는 수십억원 이상의 가치가 있습니다. 중소규모 아쿠아리움은 세계인들 앞에 선보이는 한화 브랜드에 맞지 않습니다." 최종적으로 6,500톤급 규모(사업비 약 650억원)에 재정지원은 50%를 조금 넘는 선에서 타결되었다.

세 번째 난관, 매수청구권 문제. 어렵게 규모문제를 타결하였는데, 한화측에서는 매수청구권을 협약에 넣어야한다는 요구를 하였다. 즉 엑스포기간을 포함하여 3년간은 의무적으로 운영하되, 3년이후에는 한화측에서 손실이 발생하여 운영하기 힘들면 정부에서 매수해야 한다는 조건이었다. 애초부터 민간사업자와 전문가들의 의견을 들어온 나는 그 부분을 넣지 않으면 협상이 타결되기 어렵다고 생각하고, 예산당국 설득에 나섰다. 예산당국은 선례가 없고 앞으로 민자유치사업에 악영향이 야기된다고 완강히 반대하였으나, 나는 재경부 근무시절 친한 과장들에게 설명하면서, "민간

사업자의 P/F(Project Financing; 특정사업을 위한 재원조달)를 위해 필요하며, 상징적 문구가 되도록 내가 책임지고 그런 일이 발생하지 않도록 하겠다"는 확약을 하면서 협약을 체결하였다.

마지막 난관은 '스타 동물(Star Animal)'이었다. 에버랜드에 팬더 보러가듯이, 아쿠아리움은 규모도 중요하지만 이거 보러간다는 상징적 생물이 있어야 사람들이 찾는다. 처음엔 다들 '흑돌고래'를 검토했다. 그러나 나는 생각했다.

"글로벌 상징성과 파급효과는 벨루가가 훨씬 크다."

문제는 비용과 관리였다. 국내에 없는 벨루가는 큰 수조와 고도의 관리기술이 필요했고 국제적 희귀동물이어서 정부의 지지 없이는 외국에서 도입도 불가능했다.

그래서 나는 국립수산과학원과 공동 연구 모델을 만들었다. 아쿠아리움은 공간과 운영을, 국립수산과학원은 국내도입·연구·동물복지·기술지원을 담당했다.

한화는 이 협업구조라면 부담을 상당 부분 덜 수 있었다. 결국 벨루가 도입이 결정되었다.

이 결정은 여수엑스포의 흥행에 큰 역할을 했고 여수가 관광도시로 성장하는 데 중요한 역할을 했다.

한편, 한화엑스포아쿠아리움은 여수엑스포 종료 13년이 지난 이 시점에도 한화측에서 운영하고 있다. 여수에서 낸 흑자로 다른 지역 아쿠아리움의 적자를 보전하면서 잘 운영 중이다.

엑스포 이후 여수는 달라졌다.

엑스포가 끝난 뒤에도 여수는 변했다. 관광객 폭증, 숙박·식음료 산업 성장, 동북아 해양관광의 중심도시로 부상, 시민들의 자부심 상승. 엑스포는 단순한 '행사'가 아니라 도시를 바꾸는 촉매였다.

이 경험은 나에게 강력한 메시지를 남겼다.

"도시의 미래는 한두 개의 큰 프로젝트로 바꿀 수 있다."

그리고 나는 속으로 생각했다.

"언젠가 고향 영주도 이런 앵커 프로젝트가 필요하다."

이 결론은 훗날 내가 영주의 미래 비전을 구상할 때 기초가 되었다.

재경부와 여수엑스포가 남긴 교훈

세 가지를 확실히 배웠다.

정책은 '논리'로 시작하고, '사람'으로 완성된다.

재경부는 논리의 힘을, 여수는 사람의 힘을 보여주었다.

도시를 바꾸는 건 작은 사업이 아니다.

도시는 아쿠아리움, 박물관, 대형 문화시설, 국립기관 같은 '단번에 도시 이미지를 바꾸는 프로젝트'로 성장한다.

공직자는 항상 문제의 본질을 봐야 한다.

당장의 민원·갈등보다는 장기적 국가이익이 무엇인가를 냉정하게 판단해야 한다.

국제무대에서 배운 신뢰와 국가의 위상

중국대사관에서 국가의 얼굴이 되고, IMO 선거에서 국가를 높이다.

부산항신항·항만공사·수협 구조조정·여수엑스포까지 국내 정책의 최전선을 경험한 나는 어느 날 갑자기 전혀 다른 세계로 향하는 길에 서게 되었다. 바로 주중(駐中) 한국대사관 파견이었다.

국내에서 정책과 제도를 다루던 삶이 국외에서는 곧바로 '국가의 얼굴'이 된다. 한국 기업의 비자 문제, 교민 민원, 정부 간 협의, 모두가 한 사람의 대응에 따라 국가의 이미지가 결정되기도 한다.

그곳에서 나는 정책과는 전혀 다른 '외교와 신뢰의 세계'를 경험했다.

중국대사관 한 통의 비자가 기업의 생명을 좌우하다.

중국은 한국 기업의 최대 해외시장 중 하나였다. 하지만 중국 비자 발급은 까다로웠고, 처리 속도도 느렸다. 기업 입장에서는 하루 지연이면 계약이 무산되기도 했다.

대사관에 부임하자마자 나는 매일같이 쏟아지는 민원전화를 받았다.

"사장님이 내일 출국해야 하는데 비자가 안 나왔습니다."

"이번 계약은 수백억 원 규모입니다. 꼭 도와주십시오."

처음엔 부담이 컸다. 그러나 곧 깨달았다.

"이건 특정 기업의 문제가 아니라, 대한민국 경제 전체의 문제다."

그래서 나는 중국 외교부 담당자들을 수십 번 찾아갔다. 식사 자리에서도, 회의 자리에서도, 작은 감사인사 하나라도 꾸준히 전했다. 중국의 외교문화(꽌시, 关系)는 그 자체가 관계이자 신뢰였다.

이러한 중국 공무원과 깊은 꽌시 형성은 이후 기업비자 발급, 북경에서 대통령 주재 경제인 간담회 개최에 있어서 많은 도움이 되었다.

한 기업을 살린 '하루의 비자'

지금도 잊히지 않는 사건이 있다. 한 중견기업 대표가 대사관으로 찾아와 다급히 말했다.

"내일 중국 본사와 마지막 계약 서명을 해야 합니다. 그런데 비자가 나오지 않았습니다. 이걸 놓치면 회사가 흔들립니다."

나는 바로 중국 외교부 담당관에게 연락했다. 그는 말했다.

"오늘은 업무가 끝났습니다. 내일 아침 처리해드리겠습니다."

하지만 그 기업은 오늘 비자가 나오지 않으면 내일 아침 비행기를 탈 수 없었다. 나는 그 담당관을 직접 찾아갔다. 비가 오던 저녁이었다.

"정말 급박한 상황입니다. 이 비자가 나오지 않으면 기업이 어려워집니다."

담당관은 잠시 고민하더니 말없이 내게 커피를 건넸다. 30분 뒤, 그 기업 대표에게 비자가 전달되었다. 그 대표는 눈시울을 붉히며 말했다.

"국가가 우리를 지켜준다는 게 이런 거군요."

그 말은 내 공직생활에서 가장 큰 보람 중 하나였다.

일요일 밤 공항 대민 사건 국가의 품격을 지키는 일

또 하나 잊을 수 없는 사건이 있다. 일요일 밤 10시경, 한국인 관광객 수십 명이 북경수도공항에서 단체 민원을 제기하고 있다는 연락이 왔다.

"중국 항공사 측의 대응이 부당하다."며 현장에서 집단행동을 시작한 상황이었다.

나는 즉시 공항으로 향했다. 차안에서 민원인 대표와 통화했다. 민원 대표가 내게 말했다.

"왜 우리를 이렇게 대합니까? 한국 정부는 아무것도 안 합니까?"

나는 차분하게 설명했다.

"여기는 중국의 영토이고, 항공은 안전이 최우선입니다. 지금 이렇게 모여 계시면 상황이 더 악화될 수 있습니다. 제가 상황을 충분히 설명할테니, 여러분은 진정하고 자리를 옮겨 주십시오."

민원 대표는 잠시 망설였지만 내 말투에 담긴 진심을 느꼈는지 사람들을 설득해 이동시켰다. 그날 사건은 큰 분쟁 없이 마무리되었다.

돌아오는 차 안에서 나는 생각했다.

"공직자는 '갈등을 진정시키는 사람'이어야 한다."

"국가의 품격은 위기에서 드러난다."

IMO 사무총장 선거 국제무대에서 대한민국을 세우다

대사관 근무 이후 국토해양부 규제개혁법무담당관으로 복귀하였고, 다시 부활한 해양수산부에서 운영지원과장으로 근무할때의 일이다. 그때 우리 부처는 IMO(국제해사기구) 사무총장 후보를 결정해야 하는 아주 중요하고도 민감한 상황에 놓여 있었다.

IMO 사무총장은 세계 해운·항만·선박 안전을 좌우하는 자리이자 UN 산하 기구에서 한국인이 차기 리더를 맡을지 여부가 달린 '국가적 프로젝트'였다.

청와대와 부처 내부의 이견

초기 청와대는 A 후보를 지지하는 분위기였다.

그러나 해양수산부 내부는 임기택 전 부산항만공사 사장을 더 적합하다고 보고 있었다. 내게도 의견을 묻는 자리가 왔다. 장관님 앞에서 나는 이렇게 말했다.

"임기택 전 사장은 WMU(세계해사대학) 네트워크가 강합니다. 국제무대 경험이 풍부하고 IMO 내 신망도 높습니다. 한국 후보 중 국제 경쟁력이 가장 높습니다."

장관님은 내 의견을 듣고 청와대에 임기택 후보 지지의 필요성을 설명했다. 결국 청와대도 설득되었고 후보는 임기택으로 최종

임기택 사무총장 당선축하연

결정되었다. 이때 나는 깨달았다. “정책과 인사는 진실한 논리로 설득할 수 있다.”

한국 최초의 IMO 사무총장 탄생

그리고 어느날 업무협의차 청와대 민원실(연풍문)에 갔다가 당시 주영국대사님을 만나게 되었다. 주영대사님은 내가 중국대사관에서 근무할때 정무공사를 하신 인연이 있었는데, 대뜸 나에게 임기택 IMO 사무총장 후보에 대해 물으셨다.

나는 “한국인으로는 가장 사무총장에 근접하고, 당선가능성도 높다.”며 부탁드렸다. 영국대사관과 외교부에서 전력을 다해 선거운동을 하였고, 그리고 마침내 대한민국 역사상 첫 IMO 사무총장이 임기택 후보로 결정되었다.

그 순간 나는 국가적 성취를 넘어 국민에게 큰 위로가 되기를 진심으로 바랐다. 특히 그 시기는 세월호 참사 후, 국민의 마음이 깊이 고통받던 때였다.

“해양안전의 국제수장이 한국인으로 선출되었다.”는 소식은 국민에게 작은 희망이라도 되었으면 하는 마음이었다.

국제무대가 남긴 교훈

중국대사관과 IMO 선거를 경험하며, 나는 국제무대에서 통하는 몇 가지 원칙을 배웠다.

신뢰는 하루아침에 쌓이지 않는다.

중국 외교부 담당관과의 관계도 작은 감사 표시, 작은 진정성에서 시작되었다. 국제무대에서도 마찬가지다.

국가의 이익은 논리뿐 아니라 ‘관계’로 움직인다.

국제기구 선거는 정책과 논리뿐 아니라 그동안 쌓아온 관계, 신뢰, 네트워크가 절대적이다.

공직자는 국가의 얼굴이다.

위기 때 한마디, 한 행동이 국가 이미지 전체를 바꿔버릴 수도 있다.

국제무대에서 한국은 충분히 경쟁력 있다.

우리는 조직력, 성실성, 전문성, 네트워크 모두 강하다. 그 힘을 한데 모으면 세계 어디서든 결과를 만들 수 있다.

위기를 넘어 미래로

후쿠시마 대응과 해양정책, 그리고 영주와의 연결

3년 2개월간 해양수산부 최장수 운영지원과장을 거쳐 박근혜대통령 비서실(청와대)에서 근무하다가 문재인 정부로 교체되면서 나는 다시 해양수산부로 복귀하였다. 보통 운영지원과장을 1년이상 하거나 청와대 근무를 마치면 국장으로 승진하는 것이 관례였으나, 나는 이전 정부에서 핵심보직을 맡았다는 사유로 승진에서 누락되고 다시 해양정책과장으로 복귀하게 되었다.

그러나, 일년반의 해양정책과장 근무이후 고위공무원으로 승진하여 해양환경정책관, 대변인을 거쳐 해양정책실장으로 임명되었다. 해양정책실장은 해양환경, 해양안전, 해양과학, 국제협력, 해양쓰레기, 방사능 감시 등 국가 해양정책의 모든 축을 책임지는 자리였다. 그 직위를 맡은 지 얼마 지나지 않아 나는 대한민국 국민 전체의 불안과 직면한 가장 무거운 정책 현안을 만나게 된다. 바로 후쿠시마 오염수 문제였다.

후쿠시마 오염수 대응 국민 불안과 과학의 사이에서

후쿠시마 오염수 방류 논란은 국가 전체를 흔드는 민감한 사안이었다.

정치권은 "국가적 안보 문제"라고 했고, 국민은 "먹거리·생명과 직결된다."고 불안해했다.

정부가 아무리 "과학적 근거"를 제시해도 정치적 공방, 언론의 헤드라인, SNS 확산 속에서 불안은 더욱 커져 갔다. 해양정책실장으로서 나는 매일 새벽 같은 결론에 도달했다.

"정책의 무기는 과학이다. 그러나 국민의 마음을 움직이는 힘은 '투명성'이다."

6개월간 매일 브리핑 숨 쉴 틈 없는 일정

그때 정부는 전례 없는 대응 체계를 구축했다.

① 해수부·원안위·외교부 합동 일일 브리핑

② 실시간 방사능 감시 데이터 공개

③ 전국 200여 지점 방사능 모니터링 확대

④ 국제공조(IAEA 검증팀 협업)

⑤ 일본에 지속적 정보공개 요구

나는 6개월 동안 매일 브리핑 자료를 다시 쓰고, 또 다시 다듬었다. 하루도 빠짐없이. 출근하자마자 방사능 수치, 해류 모델링 데이터, 원전 오염수 성분 분석, 국제기구 협의 상황을 검토했다. 야간에 브리핑 준비를 마치고 집에 돌아오면 밤 11시가 넘기 일쑤였다.

그러나 내 마음을 가장 무겁게 한 건 몸의 피로가 아니라 국민

후쿠시마 오염수 브리핑

의 불안이었다. 한 어르신은 내게 메시지를 보내왔다.

"우리 손주들이 생선을 못 먹는 건 아닌가요?" 그 질문은 정책의 무게를 더욱 깊게 실감하게 했다.

국회와 언론의 압박 과학만으로는 충분하지 않았다.

국회는 연일 질의를 쏟아냈다.

"안전하다는 증거를 대라."

"일본을 왜 제대로 압박하지 않느냐."

"해류 시뮬레이션은 무엇을 근거로 하는가."

"생선에서 세슘이 얼마나 검출되나."

언론 또한 민감했다. 밤 9시 뉴스 헤드라인에

"정부 말 믿을 수 있나?" 같은 문구가 나오면 다음 날 민원은 폭증했다. 나는 그때 이렇게 느꼈다.

"과학적 사실이 옳다고 해서 국민 마음이 자동으로 안정되는 것은 아니다.”

과학 + 설명 + 투명성 → 이 세 가지가 함께 움직여야만 정책이 국민에게 닿는 것이다. 그래서 해양수산부는 모든 데이터를 숨김없이 공개했다. 후쿠시마 원전 오염수 문제로 인해 우리 국민들께서 느끼셨던 불안감은 이루 말할 수 없이 컸다. 다행스럽게도 지금은 그 어려움을 슬기롭게 극복했다.

이러한 위기 상황에서는 정부 정책과 관련된 정보를 투명하게 공개하고, 국민들과 끊임없이 소통하는 것이 가장 중요하다는 것을 다시 한번 절감했다.

해양정책의 또 다른 축 쓰레기, 미세플라스틱, 해양생물 복원

후쿠시마가 가장 무거운 현안이었다면 다른 영역에서도 미래 전략은 계속 진행되고 있었다.

해양쓰레기 정책 “쓰레기 정책이 결국 미래정책이다.”

해양쓰레기는 눈에 잘 보이지 않지만 해양 생태계·수산업·관광업을 모두 파괴하는 골칫거리였다. 나는 전국 해양쓰레기 저감사업을 재구조화했고 지자체·어업인과의 협력체계를 강화했다.

특히 해양쓰레기 예방을 위해 설계된 어구보증금제도는 세계최초의 시도로 전세계의 주목을 받으며 시행되고 있다.

영덕 해양생물종복원센터 “과연 가능할까…”

가장 애정이 가는 사업 중 하나가 인근 지역인 영덕 해양생물종

관계부처 합동 외식업계 소상공인 정책간담회 (2024년 5월 16일)

복원센터였다. 당시 많은 사람들이 "해양생물종복원센터는 필요는 하지만, 단기간내 설립은 어렵다."고 했다. 그러나 나는 생각했다.

단기간내 설립이 어렵다고 손놓고 있을게 아니라 기후변화와 해양환경 변화에 따른 국내 해양생물의 멸종을 막기위한 국가적 시스템이 최소한 수년내에라도 설립되도록 부딪쳐 봐야겠다.

지역 발전에도 도움이 된다. 처음에는 중앙에서도 회의적이었지만 경북도와 함께 논리와 자료를 준비해 설득했고 마침내 2020년 타당성 용역비가 배정되었다.

현재 2025년 착공하였고, 2028년 문을 열 예정이다. 이 사업은 "가능성이 낮더라도 누군가는 시작해야 한다."는 믿음을 주는 사례였다.

해양수산부 예산안 브리핑 (2024년 9월 2일)

청주 미래해양과학관 "바다가 없는 도시에 바다를 선물하다."

청주는 내륙 도시다. 그래서 일부 위원은 반대했다.

"왜 바다도 없는 청주에 해양과학관입니까? 부산이나 인천, 목포 같은 바닷가에 있어야하지 않나요?"

그때 나는 말했다.

"저도 내륙(영주) 출신입니다. 바다는 책 속에서 처음 배웠습니다. 내륙 아이들도 바다를 볼 권리가 있습니다."

그 말이 분위기를 바꾸었다.

심의위원들이 고개를 끄덕이며 "교육적 의미가 크다."는 결론에 도달했다. 청주 해양과학관은 지금 정식 개관을 앞두고 있다. 수많은 어린이가 찾는 명소가 되길 기대해본다.

울진 국립해양과학관 "지역은 문화시설을 가질 권리가 있다."

울진에 국립시설을 건립하는 일도 처음엔 쉽지 않았다. 그러나 나는 "서울·부산만 문화시설을 가질 이유는 없다."고 주장했다. 지방도 문화적 자존심을 가져야 한다.

그 결과 울진 국립해양과학관이 완공되었고 동해안 문화벨트의 중심축이 되고있다.

해양정책과 영주의 연결 중앙부처 네트워크가 지역을 살린다.

중앙에서 일한 경험은 결국 '누군가의 고향'으로 돌아간다. 나에게는 그 고향이 바로 영주였다. 중앙부처에서 30여 년간 쌓은 협업 네트워크가 영주를 돕는 데 큰 역할을 할 수 있다고 느꼈다.

영주댐 준공 "부처 간 조정과 동기들의 힘"

영주댐 준공은 환경부·권익위가 얽혀 있었던 난제였다. 그러나 나는 환경부·권익위에서 근무하는 동기들을 만나 영주댐의 필요성과 지역민의 고통을 설명했고 수년간 멈춰 있던 사업이 다시 움직이기 시작했다. 이 경험은 말했다.

"국가정책은 결국 사람과 신뢰로 움직인다."

지역활력타운 영주 구도심의 숨을 되돌려놓다.

지역활력타운은 지역경제가 활력을 잃은 구도심 지역을 새로운 거점으로 만드는 사업이었다. 하망동은 한때 영주의 중심이었지만 침체가 깊었다.

해수부와 국토부·산업부·재경부 인맥을 활용해 지원을 하였고 결국 선정되었다. 지역활력타운으로 영주 구도심은 활력을 되찾아 가길 기대해본다.

국도 28호선 고시 지역 교통망의 숨통을 열다.

국도 28호선은 영주 시내를 관통하는 노선을 외곽으로 이전하는 숙원사업이다.

나는 국토부 차관 등 고위급과 지속적으로 논의했고 지자체 의견을 조율하며 고시를 이끌어냈다. 이 도로는 앞으로 영주의 관광·경제·농업의 큰 축이 될 것이다.

모든 경험은 결국 고향으로 향한다.

후쿠시마 대응, 해양쓰레기 정책, 국립기관 설립, 국제기구 협력…. 중앙부처에서의 시간은 '국가를 위해 일한다'는 큰 자부심을 주었다. 그 경험은 결국 고향 영주로 돌아왔다. 나는 분명히 믿는다.

"중앙정부 경험은 지역의 미래를 위해 쓰일 때 비로소 완성된다."

고향은 나를 키운 곳이다. 이제는 내가 고향을 키울 차례라고 생각한다.

공직 리더십,
사람을 이해하는 순간 조직이 움직인다.

정책은 사람이 만들고, 리더는 사람이 움직이게 한다.

30년간 중앙부처에서 수많은 현안을 다루며 내가 가장 깊이 느낀 것은 "정책은 종이 위에서 완성되지 않는다."는 사실이었다.

정책은 결국 사람이 만들고, 사람의 신념과 판단이 움직이고, 사람의 마음이 따라올 때 비로소 현실에서 구현된다. 그래서 공직에서 가장 어려운 일은 법을 만드는 것도, 예산을 확보하는 것도 아니었다.

①조직을 움직이게 하는 것.
②다양한 배경의 사람을 하나의 목표로 모으는 것.
③고된 현안의 늪에서 팀을 지치지 않게 하는 것.
④갈등 속에서 흔들리지 않는 기준을 세우는 것.

이 모든 것이 곧 리더십이었다.

‘으뜸선장’이라는 평가 내가 가장 자랑스러웠던 상

해양수산부 노조는 매년 구성원들이 가장 존경하는 상사를 뽑아 ‘으뜸선장’이라는 이름으로 시상한다. 정해진 기준은 없다.

업무 능력, 인간적 진정성, 조직과 후배를 대하는 태도, 정책을 처리하는 과정에서의 헌신 등 모든 것을 종합해 동료들이 직접 뽑는다. 내가 그 상을 받았을 때 많은 사람들이 축하해줬지만 정작 가장 감동을 느낀 것은 “누구보다 부하 직원들이 내 등을 밀어준 상”이라는 점이었다. 나는 그날 이렇게 생각했다.

“정책은 사무관·주무관·과장·국장의 손에서 완성되는데, 나는 그 손들이 가장 빛날 수 있도록 도와야 한다.” 그 마음이 늘 있었기에 직원들은 나를 신뢰해준 것이다.

으뜸선장 감사패

조직이 나를 위해 뛰었던 이유 '방향은 리더가, 방법은 팀이'

정책실장 시절 또 해양환경정책관시절 매일같이 브리핑에 쫓기고 국회 질의에 대응하며 팀 전체가 밤늦게까지 일해야 할 때가 많았다. 그러나 팀원들은 단 한 번도 "왜 우리만 이렇게 힘들어야 하죠?"라고 말하지 않았다. 오히려 내가 먼저 퇴근을 권하면 그들은 이렇게 말했다. "실장님, 지금이 가장 중요한 때 아닙니까? 우리가 함께 해야지요." 그 이유가 무엇일까? 나는 이렇게 생각한다.

결정은 빠르고 명확하게

팀원들이 불확실성 속에 헤매지 않게 "이건 이렇게 하자."라는 방향성을 명확히 제시했다. 미래를 예측할 수 있는 리더는 조직을 안정시킨다.

공은 반드시 팀에게

내가 만든 성과라는 생각을 가져본 적 없다. 언론이 성과를 칭찬하면 항상 직원 이름을 먼저 말했다. 직원들은 그 마음을 알고 있었다.

책임은 내가 진다.

정책이 흔들리거나 외부 압박이 생기면 나는 항상 "이건 제가 결정한 일입니다."라고 했다. 팀원들은 "우리를 믿어주는 상사"를 위해 더 열정적으로 일했다.

실수는 배움으로

한 직원이 중요한 보고자료에 오류를 냈을 때 그는 얼굴이 하얗게 변해 떨고 있었다. 나는 단호하게 말하지 않았다. "한 번 더 검토할 수 있는 시스템을 만들자. 그게 리더의 역할이다." 그날 그는 끝까지 내 곁을 지켰다.

회의에서 배운 것 '정책은 사람의 언어로 설명하는 기술'

회의는 조직의 문화를 드러낸다.

① 어떤 회의는 자료를 읽는 데만 시간을 보내고 아무 논의도 없다.

② 어떤 회의는 소리가 높아지고 말싸움이 벌어진다.

③ 그러나 진짜 회의는 갈등을 해결하고 결론을 만들어내는 자리다.

나는 회의에서 세 가지 원칙을 지켰다.

"무엇이 문제인가"부터 정의하라.

문제 정의가 잘못되면 해결책은 엉뚱한 곳으로 흐른다. 부산항 신항·항만공사 논쟁에서도 문제에 대한 정의를 정확히 했기 때문에 협상이 진전될 수 있었다.

이해관계자들의 '말하지 않은 말'을 읽어라.

회의의 핵심은 사람의 감정과 이해를 읽는 것이다. 민간 컨소시엄은 '투자 위험'을 두려워했다. 수협 조합원은 '생계'를 걱정했다. 일본 정부는 '정치적 체면'을 지키고 싶었다. 국회는 '국민 불안'을 대변했다. 말보다 중요한 것은 그 말 뒤에 있는 마음이었다.

한중일 물류장관회의 (2024년 2월)

“문장으로 이기는 것”보다 “해결책으로 이기는 것”

회의에서 이기려고 하면 진짜 문제는 해결되지 않는다. 나는 늘 말했다. “우리는 싸우러 온 게 아닙니다. 길을 찾으러 온 겁니다.” 동료들은 바로 이 태도를 내 리더십의 핵심으로 기억한다.

젊은 직원들에게서 배운 것 리더도 배워야 한다.

나는 많은 젊은 공무원들과 함께 일했는데 그들의 성실함, 열정, 디지털 감각에서 정말 많은 것을 배웠다. 특히 후쿠시마 대응팀의 젊은 연구원들, 여수엑스포 파견 근무자들, 수협 구조조정 현장팀의 주무관들은 위기에서도 끝까지 포기하지 않았다.

차관회의 (2025년 5월 21일)

어느 날 한 직원이 늦은 밤 책상 앞에서 해류 시뮬레이션 그래프를 또렷하게 들여다보며 말했다. “실장님, 이 데이터가 맞는지 모르겠지만 저는 국민이 불안하지 않았으면 좋겠습니다.” 그 말은 내가 리더로서 존재해야 하는 이유를 더 분명하게 해주었다.

리더십의 본질은 무엇인가.

30년 동안 공직 리더십을 고민하며 내가 얻은 결론은 단 하나이다.

“사람을 존중하면 조직이 움직이고 조직이 움직이면 정책이 완성된다.”

정책은 결국 사람의 마음에서 시작되고, 사람의 신뢰에서 완성된다. 그리고 이 리더십은 지금 내가 준비하는 ‘영주의 미래’에도 그대로 연결된다.

중앙에서 지역으로,
이제는 고향을 위해 쓰여야 할 시간

30년의 경험은 결국 영주로 이어졌다.

2부의 마지막 장을 쓰고 있는 지금, 나는 지난 30년간의 공직 여정을 한 걸음 떨어져 바라볼 수 있게 되었다. 부산항에서 시작한 실무자의 시간, 재경부에서 배운 경제 논리, 여수엑스포에서 본 도시의 미래, 중국대사관에서 느낀 국가의 얼굴, IMO 사무총장 선거에서 경험한 국가 경쟁력, 후쿠시마 오염수 대응에서 체감한 국민의 불안, 국립기관 설립을 위해 뛰었던 나날들….

이 모든 경험은 하나의 공통된 질문으로 귀결되었다. "내가 배운 것들을 어디에 쓸 것인가?" 나는 그 질문에 대한 답을 천천히, 그러나 분명하게 찾아가고 있다.

고향은 내 인생의 출발점이자 목적지였다.

내가 태어나고 자란 곳은 소백산 품에 안긴 영주였다. 내줄리의 흙냄새, 관사골의 공동체, 불바우 집의 바람, 고향 어르신들의 정직함…. 그 모든 것이 나라는 사람의 기초를 만들었다.

중앙에서 중요한 결정을 내릴 때마다 나는 늘 이렇게 생각했다.

“내 고향 사람들은 이 결정을 어떻게 볼까?”

“영주 어르신들이라면 어떤 판단을 하셨을까?”

그 질문은 내가 공직자로서 흔들리지 않도록 잡아주는 보이지 않는 나침반이었다.

중앙부처는 ‘현실을 바꾸는 훈련장’이었다.

부산항신항 협상장은 논리와 현실의 충돌을 경험한 훈련장이었다.

항만공사법 제정 과정은 원칙의 힘을 배운 강의실이었다.

수협 구조조정은 정책이 사람의 삶과 연결된다는 것을 체감한 현장이었다.

어선 안전 대책회의 (2025년 2월 28일)

재경부 파견은 국가 전체 시스템을 보는 훈련장이었다.

여수엑스포는 도시가 어떻게 성장하는지를 보여주는 거대한 실험장이었다.

중국대사관은 외교와 신뢰의 세계를 보여준 학교였다.

IMO 선거는 한국이 세계와 경쟁할 수 있다는 자신감을 준 무대였다.

후쿠시마 대응은 과학과 원칙의 중요성을 새긴 시험장이었다.

그리고 이 모든 과정에서 나는 한 가지 결론을 얻었다.

"중앙에서 익힌 기술과 네트워크는 고향을 위해 쓰여야 비로소 의미가 완성된다."

나는 왜 영주로 돌아가려 하는가?

많은 사람들이 내게 물었다.

"차관까지 지낸 사람이 왜 영주로 가려 하느냐?"

"서울이나 중앙에서 더 큰 역할을 할 수도 있지 않느냐?"

나는 웃으며 대답한다.

"고향을 떠난 사람은 언젠가 반드시 고향의 부름을 듣는다."

영주를 떠나 서울에서, 부산에서, 중국에서, 세종에서 일하는 동안 나는 늘 영주를 생각했다. 원도심이 침체된 소식, 인구가 줄어드는 소식, 청년들이 일자리·기회 부족으로 떠나는 현실, 산업구조의 한계, 관광 인프라의 부족, 지역 발전에 갈증 느끼는 시민들의 목소리. 이 모든 것들이 나는 "언젠가 돌아가야 한다."는 결심을 강하게 만들었다.

영주사랑네트워크 신년포럼 (2024년 1월 26일)

중앙부처 경험이 영주에서 빛나는 순간들

이미 나는 몇 차례 중앙부처 네트워크를 활용해 영주를 돕는 일을 함께했다.

영주댐 준공, 지역활력타운 선정, 국도 28호선 고시, 예산 협의, 영주 출신 공직자 네트워크 구성(세종선비포럼). 그 과정에서 중앙과 지역을 잇는 일은 누구보다 잘할 수 있다는 자신감이 생겼다.

영주는 중앙부처의 지원을 많이 필요로 한다. 나는 그 언어를 알고 있고, 그 구조를 알고 있고, 그 길을 이미 걸어보았다.

그래서 나는 말할 수 있다.

"내가 해본 일, 내가 할 수 있는 일, 그 모든 것을 영주를 위해 쓸 것이다."

영주선비촌

세종선비포럼

이제는 '고향을 키우는 사람'이 되고 싶다.

이제 2부를 끝내며 나는 다시 한번 마음속으로 다짐한다.

부모님이 지켜본 내 인생, 고향이 만들어준 마음의 기반, 중앙에서 쌓아온 전문성과 네트워크…. 이 모든 경험을 영주라는 도시의 미래를 위해 쓸 것이다.

그리고 나는 믿는다.

"고향을 떠났던 사람이 고향을 위해 돌아올 때, 지역은 다시 힘을 얻는다."

영주는 잠재력이 많은 도시다.

나는 그 잠재력을 깨우는 데 내 모든 경험과 인생을 쓰고 싶다.

맺음말 3부로 가는 문

2부가 끝났다. 그러나 이야기는 이제부터다.

다음 3부에서는 내가 중앙부처에서 배운 모든 경험을 바탕으로 영주의 현실을 진단하고 미래의 로드맵을 제시하려 한다.

그 로드맵은 꿈이 아니라 실현 가능한 계획이며, 영주의 잠재력을 현실로 만드는 청사진이 될 것이다. “고향이 키워준 사람, 이제는 고향의 미래를 여는 사람이 되겠다.”

제3부

영주의 현황과 새영주를 위한 정책비전

저는 공직 30년 동안 배웠습니다. 도시의 변화는 기억이 아니라 숫자로 확인된다는 것을 말입니다. 그리고 깨달았습니다. "문제를 정확히 보는 것, 그것이 곧 혁신의 절반이다." 영주의 밝은 미래를 다시 그리기 위해, 우리는 지금의 영주를 가장 올곧고 정직하게 바라보아야 합니다. 그래야만 올바른 진단 위에 '새 영주'의 미래 전략이라는 단단한 초석을 놓을 수 있습니다.

제1장. 영주의 현실을 직시하다.

지금 영주의 모습을 진단하며

프롤로그

도시의 미래는 진단에서 시작된다.

어릴 적 친구들과 뛰어놀던 관사골 골목길을 다시 걸어본 적이 있습니다. 문득 시간 속에 멈춰 선 듯한 깊은 정적이 느껴집니다. 골목의 모습은 예전과 크게 다르지 않지만, 어딘가 그때만큼의 활력은 느껴지지 않습니다. 소백산에서 내려오는 바람은 여전히 시원하고, 서천변 저녁노을은 옛날보다 더 아름다운 빛으로 물들지만, 도시의 온기는 확실히 줄어들었습니다.

사람이 줄었습니다. 늘 손님으로 북적이던 가게들은 쓸쓸히 문을 닫았고, 친구들이 살던 집들은 대부분 긴 침묵 속에 비어 있습니다. 이 먹먹한 감정은 단순한 향수(鄕愁)가 아닙니다. 바로 우리가 냉정하게 직시해야 할 영주의 현실입니다.

영주시가지

저는 공직 30년 동안 배웠습니다. 도시의 변화는 기억이 아니라 숫자로 확인된다는 것을 말입니다. 그리고 깨달았습니다. "문제를 정확히 보는 것, 그것이 곧 혁신의 절반이다." 영주의 밝은 미래를 다시 그리기 위해, 우리는 지금의 영주를 가장 올곧고 정직하게 바라보아야 합니다. 그래야만 올바른 진단 위에 '새 영주'의 미래 전략이라는 단단한 초석을 놓을 수 있습니다.

인구감소와 공동체의 해체

영주가 마주한 가장 큰 현실

영주는 왜 사람이 줄고 있는가?

2005년 11만 9천 명이던 영주의 인구는 2024년 현재 9만 8천 명 수준으로 줄어들었다. 도시의 인구는 단순한 숫자가 아니라 세금, 소비, 노동력, 산업, 문화, 교육 등 도시 경쟁력의 총합을 보여주는 지표다. 지난 20년 동안 영주는 급격한 감소가 아닌 '느린 속도의 지속적 감소'라는 더욱 어려운 형태를 겪어왔다.

더 큰 문제는 단순히 줄어드는 인구 자체가 아니라, 이를 막을 대안 없이 조용히 줄어드는 도시라는 점이다. 눈에 띄는 위기보다 더 위험한 것은 서서히 쇠퇴하는 흐름을 방치하는 것이며, 이는 도시의 활력과 미래를 갉아먹는다. 영주가 직면한 인구 문제는 단순한 통계가 아니라 도시의 생존과 도약을 좌우하는 핵심 과제다.

〈표 1-1. 영주 인구 변화(2005~2024)〉

연도	총인구 (명)	증감 (명)	비고
2005	119,098	-	-
2010	113,926	-5,172	청년유출 본격화
2015	109,735	-4,191	고령화 가속
2020	103,119	-6,616	출생감소 구조적 심화
2024	98,870	-4,249	감소세 '고착화'

최근 20년 동안 영주의 인구는 연평균 약 900명 수준으로 줄어들며 꾸준한 감소세를 보여왔다. 다만 최근 4년간(2020~2024)에는 감소 속도가 다소 완화되어 연평균 450명 수준을 기록했다. 그러나 이러한 완화에도 불구하고 여전히 감소세가 이어지고 있다는 점에서, 이는 단순한 일시적 현상이 아니라 인구 감소가 고착화되고 있음을 의미한다. 결국 영주는 인구 문제를 더 이상 미룰 수 없는 구조적 과제로 받아들여야 하며, 이를 해결하기 위한 적극적인 대응과 새로운 전략이 필요하다.

영주 읍·면 지역의 공동체 붕괴

수십 년 동안 지켜온 고향의 읍·면 공동체가 이토록 빠르게 해체될 줄은 누구도 예상하지 못했다. 부석, 단산, 이산, 평은, 장수면… 어른들이 모여 삶을 이야기하던 정자 옆의 작은 가게들은 하나둘 문을 닫았고, 사람의 발길이 한 달 이상 끊긴 빈집들이 쓸쓸히 늘어나고 있다.

영주 인구감소

2024년 현재를 보면, 어르신만 남은 고령마을이 급증하고 빈집률이 10%를 넘는 읍·면이 다수에 이른다. 초등학교는 학생 수 감소로 통폐합 위험에 놓여 있고, 상권이 사라지는 지역도 확장되고 있다. 이는 단순한 농촌 소멸 문제가 아니라 도시 전체를 떠받치고 있는 기초 공동체의 해체라는 더 큰 위기다.

청년들이 지역을 떠나면서 출생률은 감소하고, 그 결과 학생 수가 줄어들어 학교가 축소되거나 폐교되는 상황이 발생한다. 학교가 사라지면 교육 기반이 약화되고, 이는 다시 젊은 세대의 정착을 어렵게 만든다. 동시에 주거 환경과 상권도 쇠퇴하여 생활 편의성이 떨어지고, 빈집이 늘어나면서 도시의 활력이 점점 사라진다. 이러한 변화는 지역의 매력도를 크게 낮추어 더 많은 청년들이 떠나는 악순환을 불러온다. 결국 청년 유출이 확대되며 도시 전체가 활력을 잃고 쇠퇴하는 구조가 반복되는 것이다.

영주가 직면한 현실은 단순한 인구 감소가 아니라, 공동체의 근간이 무너지는 구조적 위기이며, 이를 극복하기 위한 새로운 해법과 실행 의지가 절실히 요구된다.

산업의 이중구조

농업과 제조업의 따로 노는 성장

영주의 농업은 강하지만 농촌은 약하다.

나는 어린 시절 내줄리와 관사골에서 자랐습니다. 그 시절의 영주는 농업이 도시의 심장과 같았습니다. 그리고 지금도 영주 농산물은 사과, 풍기인삼, 한우 등 전국 최고 수준의 품질을 자랑합니다.

문제는 품질이 아니라 산업 체계에 있습니다. 농업의 강점이 산업화로 이어지지 못하고, 생산과 판매의 분리가 심해 농가 소득이 제자리걸음을 하고 있습니다. 농업은 강하지만, 정작 농업의 터전인 '농촌'은 약해지는 구조입니다.

영주의 농업 현실은 생산력 자체는 여전히 강하지만, 이를 지탱할 사회적·경제적 구조가 점차 약화되고 있다는 데 문제가 있다. 농촌 지역은 고령화율이 높아 실제로 농업에 종사할 수 있는 생산인구가 줄어들고 있으며, 연매출 1억 원 이상을 올리는 농가의 비율도 낮아 경제적 기반이 취약하다. 또한 농산물의 가공 산업과

영주적서농공단지

물류 체계, 브랜드화가 충분히 이루어지지 않아 부가가치를 높이는 데 한계가 존재한다.

청년 농업인의 부족은 미래 농업의 지속성을 위협하고 있으며, 지역 내 소비와 관광과의 연계가 미흡해 농업이 지역 경제 전체로 확산되지 못하는 상황이다. 결국 영주의 농업은 생산력은 강하지만, 이를 뒷받침할 농촌 사회와 경제 구조가 점차 약화되는 모습이 나타나고 있다. 이는 단순히 농업의 문제가 아니라 지역 공동체와 도시 전체의 활력과 직결되는 중요한 과제라 할 수 있다.

제조업은 잠재력은 있지만 정주환경이 없다.

베어링 국가산단은 영주의 미래를 바꿀 수 있는 중요한 기회다. 그러나 제조업이 확장하려면 단순히 공장과 기업만으로는 충분하지 않다. 사람이 있어야 하고, 그 사람들이 머물 수 있도록 주거·

교육·문화가 함께 받쳐줘야 한다. 실제로 기업들은 영주에 오고 싶다고 말하면서도 "기술 인력이 부족하다", "주거시설이 충분하지 않다"는 현실적인 문제를 더 많이 지적한다.

제조업이 성장하기 위해서는 세 가지 조건이 필요하다. 첫째, 우수한 인력 확보, 둘째, 안정적인 정주환경, 셋째, 체계적인 기업지원이다. 영주의 현실을 살펴보면 기업지원체계는 비교적 잘 갖추어져 있지만, 인력과 정주환경 측면에서는 뚜렷한 한계가 존재한다. 지역에 필요한 전문 인력이 충분히 공급되지 못하고, 청년층의 유출로 노동력 기반이 약화되고 있다. 또한 주거·교육·문화 등 생활 인프라가 부족해 외부 인재가 정착하기 어려운 상황이다.

따라서 영주가 제조업 도시로 성장하기 위해서는 단순히 기업을 유치하는 것을 넘어, 인력 양성과 유입을 적극적으로 추진하고 정주환경을 개선하는 노력이 절실하다. 기업지원과 인재, 생활 인프라가 균형을 이루어야만 영주는 지속 가능한 제조업 중심 도시로 도약할 수 있다. 영주는 '잠재력의 도시'다.

관광·문화의 잠재력과 한계

오고·보고·가버리는 도시

영주가 가진 문화유산은 부석사, 소수서원, 무섬마을, 선비촌 등 어디에 내놓아도 손색이 없을 만큼 뛰어난 가치를 지니고 있다. 실제로 해외 담당자에게 소수서원의 사진을 보여줬을 때 "이곳이 정말 한국이 맞느냐, 유네스코급이다"라는 감탄을 들은 경험이 있을 정도로 그 문화적 잠재력은 크다. 그러나 이러한 자산에도 불구하고 관광객들이 오래 머물지 않고 짧게 머무는 데 그친다는 점은 여전히 해결해야 할 과제로 남아 있다.

추정 데이터를 보면 영주를 찾는 방문객의 70%가 당일 일정으로 머물며, 지역 체류 시간이 짧다. 이로 인해 1인당 지출액은 전국 평균의 60% 수준에 그치고, 숙박률도 15~18%에 불과하다. 이는 관광객들이 지역에서 충분히 소비하거나 머무르지 못하고 있다는 점을 보여준다. 그 근본적인 원인은 체류형 프로그램과 콘텐츠가 부족해 관광객들이 장기간 머물며 다양한 경험을 할 수 있는 여건이 마련되지 않았기 때문이다.

결국 영주는 풍부한 문화유산과 관광 자원을 보유하고 있음에도 불구하고, 체류형 관광으로 이어지지 못해 지역 경제 활성화에 제약을 받고 있다. 실제로 관광객들은 영주에 도착해 부석사를 약 1시간 관람한 뒤 소수서원에서 30분, 선비촌에서 30분 정도 머물고 곧바로 떠나는 경우가 많다.

이러한 일정은 짧은 체류로 이어지며 지역 내에서 식사, 숙박, 쇼핑 등 추가적인 소비 활동이 거의 발생하지 않는다. 결국 풍부한 문화유산을 경험하고도 지역 경제에 실질적으로 기여하는 효과는 미미하게 나타나는 구조가 형성되고 있는 것이다.

원도심(영주동·하망동)의 기능 상실

영주동과 하망동은 나에게 특별한 의미를 지닌 동네로, 관사골에서 자라던 시절에는 언제나 사람들로 북적였다. 그러나 지금은 빈 상

원도심 (하망동)

점이 늘어나고 젊은 층의 발길이 끊기면서 활기를 잃어가고 있다. 도시는 중심이 살아야 전체가 살아나는 법인데, 영주의 원도심은 현재 그 활력을 되찾기 위한 재생이 절실히 필요한 시점에 놓여 있다.

해외 사례가 보여주는 힌트

일본 유후인의 변신

유후인은 단순한 온천마을에서 벗어나 주민 공동체, 감성적인 숙박 공간, 자연환경, 그리고 지역 상권을 하나로 엮어내며 체류형 감성 관광지로 재탄생했다. 이러한 성공 사례는 영주에도 시사점을 준다.

영주는 풍부한 문화유산과 원도심이라는 공간적 기반을 가지고 있어, 이를 중심으로 '세카이호텔형 감성숙박지구'를 조성할 수 있는 잠재력이 충분하다. 원도심의 역사와 정서를 살리면서 감성적인 숙박 시설과 지역 상권을 결합하고, 주민 공동체가 함께 참여하는 구조를 만든다면, 영주 역시 체류형 관광지로 변모하여 지역 경제와 도시 활력을 동시에 되살릴 수 있을 것이다.

스페인 빌바오의 기적

쇠락하던 항구도시가 구겐하임 미술관 하나로 세계적인 문화도시로 거듭난 사례는 도시 재생의 대표적인 성공 모델로 꼽힌다. 영주 역시 이러한 빌바오 모델을 자신만의 방식으로 구현할 수 있는 잠재력을 지니고 있다. 영주는 선비문화라는 독창적이고 깊이 있는 전통 콘텐츠를 보유하고 있으며, 여기에 디지털 교육을 결합한다면 새로운 형태의 문화·교육 도시로 발전할 수 있다. 단순히 과거의 유산을 보존하는 데 그치지 않고, 이를 현대적 교육과 디지털 기술과 연결해 미래지향적인 도시 브랜드를 만들어낸다면 영주는 세계 속에서 자신만의 빌바오 모델을 실현할 수 있을 것이다.

미국 포틀랜드의 도시재생

쇠락한 항구도시들이 빈 창고와 산업지대를 창조산업 공간, 공연장, 카페로 탈바꿈시키며 젊은 인구를 끌어들인 사례는 이미 여러 곳에서 확인되고 있다.

이러한 변화는 단순한 공간 활용을 넘어 지역의 문화와 경제를 동시에 활성화하는 효과를 낳는다. 영주의 원도심 역시 같은 방식으로 재생 가능성이 크다.

오래된 건물과 거리를 카페와 공예 공간으로 꾸미고, 관광 자원과 연계한 프로그램을 마련하며, 주민과 방문객이 함께 어울릴 수 있는 커뮤니티 공간을 조성한다면 원도심은 다시 활력을 되찾을 수 있다. 결국 영주는 카페·공예·관광·커뮤니티를 중심으로 새로운 도시 재생 모델을 만들어낼 수 있는 잠재력을 지니고 있다.

영주의 현실 진단

문제의 핵심 요약

〈표 1-2. 영주의 핵심 진단 요약〉

구분	현재상태	문제점	향후 과제
인구	감소지속	청년 유출	정주환경·일자리
산업	농업·제조 이중구조	산업화 부족	가공·유통·R&D
관광	강한 자원	체류형 부족	숙박·체험
도시	원도심 약화	상권 공실	도시재생
공동체	고령화	공동체 해체	읍·면 맞춤정책

맺음말

현실을 정직하게 바라보는 용기

나는 중앙부처에서 30년 동안 수많은 도시정책을 지켜보았다. 실패한 사례들의 공통점은 진단을 잘못했기 때문이었고, 반대로 성공한 도시는 예외 없이 자신의 현실을 솔직하게 인정한 뒤 그 위에서 새로운 전략을 세웠다.

영주의 현실 진단은 분명하다. 인구는 줄어들고, 산업은 분절되어 있으며, 관광은 잠재력에 비해 충분히 활용되지 못하고 있다. 또한 원도심은 점차 활력을 잃어가고 있다.

그러나 이러한 문제들은 결코 해결 불가능한 것이 아니다. 오히려 영주는 충분히 변화할 수 있는 잠재력을 지닌 도시이며, 올바른 진단과 전략만 세워진다면 새로운 도약이 가능하다. 다음 장에서는 영주가 나아가야 할 명확한 미래 비전을 제시하고자 한다.

제2장. 영주의 미래 비전

'살고 싶은, 머무는, 일할 수 있는 도시'

프롤로그

비전 없는 도시는 방황한다

나는 중앙부처에서 수많은 도시를 지켜보며 한 가지 중요한 사실을 배웠다. 도시는 전략이 아니라 비전으로 움직인다는 것이다. 예산과 사업, 시설은 전략에 불과하지만, 도시의 사람과 기업, 청년, 관광객을 끌어당기는 힘은 결국 도시가 가진 비전에서 나온다. 서울은 '기회의 도시', 부산은 '해양물류 도시', 세종은 '행정 수도', 전주는 '전통·음식 도시', 포항은 '철강·수소 도시', 춘천은 '휴양·콘텐츠 도시'라는 이미지를 갖고 있다.

그렇다면 영주는 무엇인가. 영주는 단순히 '선비 도시'로만 규정될 수 없으며, '농업 도시'에 머물러서도 안 된다. 영주가 가진 자원과 시대의 흐름을 함께 놓고 보면 세 가지 비전이 뚜렷하게 드러난다.

영주는 산업·문화·자연이 균형을 이루는 중형도시의 모범 모델이 될 수 있고, 동시에 사색과 배움의 도시로 자리매김할 수 있으며, 궁극적으로 사람 중심의 도시로 발전할 수 있다. 이러한 비전은 단순한 구호가 아니라 영주가 가진 역사와 지리, 산업과 문화의 DNA에서 자연스럽게 도출된 것이다.

영주의 미래 비전

"살고 싶은 도시, 머무는 도시, 일할 수 있는 도시"

이 문장은 영주의 10년 전략을 압축한 표현이다. 도시는 세 가지 요소가 균형을 이뤄야만 지속가능하다. 사람들이 살고 싶어 하는 정주환경이 갖춰져야 하고, 관광과 문화로 머무를 수 있는 매력이 있어야 하며, 산업과 일자리를 통해 일할 수 있는 기반이 마련되어야 한다. 이 중 어느 하나라도 부족하면 도시의 균형은 쉽게 무너지고, 전체 발전이 제약을 받게 된다. 따라서 영주는 이 세 가지를 동시에 강화하고 조화롭게 발전시켜야만 지속가능한 미래를 만들어갈 수 있다.

살고 싶은 도시 정주 기반의 회복

어떤 도시든 사람이 살고 싶지 않으면 성장할 수 없다. 영주는 현재 정주 기반을 점차 잃어가고 있다. 주거 선택지가 다양하지 않아 외부 인구 유입이 어렵고, 문화와 교육 콘텐츠가 부족해 생활의 질을 높이는 데 한계가 있다. 청년과 가족층을 위한 시설도 충분하지 않아 젊은 세대가 정착하기 힘들며, 교통과 보행 환경 역시 미흡해 생활 편의성이 떨어진다.

더불어 원도심의 노후화는 도시 전체의 활력을 약화시키고 있다. 따라서 영주가 지속가능한 도시로 나아가기 위해서는 무엇보다 '정주 매력도'를 회복하는 것이 가장 시급한 과제다.

도시가 지속적으로 성장하고 사람들을 끌어들이기 위해서는 정주 매력도의 핵심 요소를 충족해야 한다. 주거의 다양성이 확보되어야 다양한 계층과 세대가 정착할 수 있고, 교육과 육아 지원이 뒷받침되어야 가족들이 안심하고 생활할 수 있다.

또한 문화와 여가 인프라가 풍부해야 삶의 질을 높일 수 있으며,

보행 환경과 공원, 안전이 보장되어야 일상 속에서 편안함을 느낄 수 있다. 마지막으로 일자리 접근성이 확보되어야 생활과 경제가 연결된다. 이 다섯 가지가 균형을 이룰 때 비로소 도시는 사람들이 머무르고 싶어 하는 "머무르는 도시"로 자리매김할 수 있다.

머무는 도시 체류형 관광·문화도시 영주

도시는 결국 사람들이 어떤 경험을 했는가에 따라 기억된다. 영주는 이미 부석사, 소수서원, 선비촌, 무섬마을, 소백산, 서천 등 세계적으로 손색없는 문화유산을 보유하고 있다. 그러나 현재의 관광 구조는 단순히 와서 보고 곧바로 떠나버리는 형태에 머물러 있어 지역에 깊은 인상을 남기지 못한다. 따라서 영주는 단순한 방문지가 아니라, 사람들이 오래 머물며 특별한 경험을 쌓고 다시 찾

영주무섬마을

영주 소수서원

고 싶어지는 "기억되는 도시, 머무르는 도시"로 전환해야 한다.

영주가 앞으로 나아가야 할 핵심 전략은 분명하다. 원도심을 세카이오텔형으로 재생하여 감성적인 숙박 인프라를 마련하고, 선비문화를 직접 체험할 수 있는 콘텐츠를 강화해야 한다. 또한 소백산과 서천을 중심으로 체류형 관광을 활성화하고, 에키벤을 기반으로 한 영주역 플랫폼을 통해 지역의 특색을 살린 교통·관광 결합 모델을 구축할 수 있다.

여기에 야경과 공연, 길 조명 등 야간 관광 요소를 더한다면 도시의 매력은 한층 높아질 것이다. 결국 관광객이 단순히 방문하는 데 그치지 않고 머무르는 순간, 비로소 도시의 경제가 움직이고 활력이 되살아나게 된다.

일할 수 있는 도시 산업·일자리의 도시 경쟁력 강화

영주는 농업, 섬유, 정밀부품이라는 전통 산업 기반을 이미 갖추고 있다. 여기에 새로운 신산업을 결합한다면 중형도시로서의 경제 구조를 완전히 바꿀 수 있는 잠재력이 있다. 영주가 지향해야 할 산업 비전은 세 가지 축으로 정리된다. 첫째, 정밀부품과 베어링을 중심으로 한 첨단산업 도시, 둘째, 부가가치를 높인 농업을 기반으로 한 농업도시, 셋째, 풍기인견을 세계적 브랜드로 성장시키는 글로벌 K-섬유 도시이다.

이 세 축이 서로 연결되면 산업의 폭이 넓어지고, 산업의 폭이 넓어지면 자연스럽게 일자리가 늘어난다. 일자리가 늘어나면 청년들이 다시 돌아오고, 청년이 돌아오면 출생률이 높아지며, 결국 도

영주원도심 (영주동)

시의 구조 자체가 변화하게 된다. 이것이 바로 영주가 '일할 수 있는 도시'로서 힘을 갖추는 길이다.

도시혁신의 기본 철학

'사람 중심'과 '균형 성장'

중앙부처에서 30여 개의 대규모 정책을 직접 만들고 추진하는 과정을 거치며 확실히 깨달은 점이 있다. 성공하는 도시들은 단순히 개별 사업이나 일시적인 성과에 의존하지 않는다. 그들은 도시를 이끌어가는 공통의 철학을 갖고 있으며, 그 철학이 정책과 실행을 하나로 묶어내는 힘이 된다. 도시의 성장과 쇠퇴는 결국 방향과 의지의 문제인데, 성공하는 도시들은 자신들만의 철학을 중심으로 모든 선택을 일관되게 이어가며 시민과 행정, 기업이 함께 움직인다. 이러한 철학이야말로 도시를 지속적으로 발전시키는 가장 중요한 원동력이다.

사람 중심(people-first) 도시

도시는 건물이나 사업으로 움직이지 않는다. 도시의 진정한 힘은 결국 사람에게서 나온다. 시민이 직접 체감할 수 있는 변화가 있어야 하고, 아동과 청년, 어르신 모두가 혜택을 누릴 수 있는 정책이 마련되어야 한다. 또한 시민 참여를 중심으로 한 거버넌스가 작동해야 하며, 행정은 투명성을 바탕으로 운영되어야 한다. 행정의 목적은 단순히 일을 '하는 것'에 있지 않고, 그 결과가 시민에게 실질적으로 도움이 되는 데 있다. 이러한 조건이 충족될 때 비로소 도시는 사람 중심의 도시로서 지속가능한 힘을 가지게 된다.

앵커 프로젝트 중심 성장 전략

도시를 근본적으로 변화시키는 힘은 수백 개의 소규모 사업이 아니라, 도시의 방향을 완전히 바꾸는 단 하나의 앵커 프로젝트에서 나온다. 해외 사례만 보더라도 뉴욕은 하이라인파크 하나로 웨스트사이드가 대변신했고, 스페인 빌바오는 구겐하임 미술관을 통해 쇠락한 도시가 재도약했다.

일본 가나자와는 21세기미술관으로 지역 인구가 20% 증가했으며, 대만 화롄은 로컬시장 혁신으로 지역 소득을 두 배 끌어올렸다. 영주 역시 이러한 앵커 프로젝트가 필요하다. 베어링 특화산단의 고도화, 선비밸리 프로젝트, 세카이오호텔형 원도심 재생, 풍기인견 글로벌 패션센터, 영주역 에키벤 플랫폼과 같은 하나의 큰 프로젝트가 도시의 이미지를 새롭게 만들고, 경제 구조를 바꾸며, 결국 영주를 다시 성장하는 도시로 이끌 수 있다.

네트워크와 협력 중심 도시

나는 공직 기간 내내 '협력의 힘'을 직접 경험해왔다. 영주댐 준공, 국도 28호선 고시, 지역활력타운 유치 모두가 국가와 지자체, 지역이 하나의 원팀으로 움직였기에 가능했던 성과였다. 도시정책 역시 마찬가지다.

중앙부처와의 네트워크, 지역 기업과 농업인·상인, 교육기관과 문화기관, 그리고 시청 내부의 협업이 긴밀하게 연결될 때 도시의 변화는 몇 년 단위가 아니라 몇 달 단위로 가속화된다. 결국 도시 발전의 속도와 방향을 결정짓는 것은 협력의 힘이며, 영주가 새로운 도약을 이루기 위해서도 이 네트워크의 결속이 무엇보다 중요하다.

공정하고 투명한 행정

도시의 성패는 결국 행정에 대한 신뢰에서 결정된다. 정책은 시민의 신뢰를 잃는 순간 추진력을 상실하고, 아무리 좋은 계획이라도 동력을 잃게 된다.

따라서 영주는 행정의 신뢰를 높이기 위해 몇 가지를 반드시 강화해야 한다. 첫째, 정보 공개를 통해 시민이 행정 과정을 투명하게 확인할 수 있어야 하고, 둘째, 시민배심원제를 도입해 정책 결정 과정에 시민의 목소리를 직접 반영해야 한다. 셋째, 참여예산제를 통해 시민이 예산 편성에 주체적으로 참여할 수 있도록 해야 하며, 넷째, 데이터 기반 예산 편성을 통해 객관성과 효율성을 확보해야 한다. 마지막으로 AI 기반 민원 시스템을 구축하여 시민의 불편을 신속하고 정확하게 해결할 수 있어야 한다.

이러한 제도적 장치들이 마련될 때 행정은 시민에게 신뢰받고, 도시 정책은 지속적인 동력을 얻어 영주의 미래를 힘 있게 이끌어갈 수 있다.

영주의 정체성 기반 도시비전

'선비정신 × 미래산업'의 결합

영주는 대한민국에서 유일하게 선비문화와 과학·산업·첨단기술을 동시에 품을 수 있는 도시다. 선비정신은 단순히 고루한 과거의 유산이 아니라, 미래 인재가 반드시 갖추어야 할 핵심 역량으로 이어진다. 독서력은 정보처리 능력으로 확장되고, 토론력은 협업 능력으로 발전한다. 사색은 창의력으로 연결되며, 절제와 배려는 공동체 회복의 힘이 된다. 마지막으로 정직은 행정 혁신의 기반이 되어 도시 운영의 신뢰를 높인다. 결국 영주는 선비정신을 현대적으로 재해석하여 산업과 기술, 공동체와 행정을 아우르는 미래형 도시로 성장할 수 있는 잠재력을 지니고 있다.

에스토니아의 탈린은 중세 도시라는 전통적 정체성과 디지털 강국이라는 현대적 역량을 결합하여 도시의 정체성을 강화하는 동시에 기술 발전을 이끌어낸 대표적인 사례다. 영주 역시 이러한 모델을 구현할 수 있는 잠재력을 지니고 있다. 영주는 선비정신이라는 독창적인 문화적 자산을 바탕으로, 디지털 교육과 AI 문화를 결합해 새로운 도시 비전을 만들어낼 수 있다.

이는 과거의 유산을 단순히 보존하는 데 그치지 않고, 미래 인재를 길러내는 교육과 첨단 기술을 접목함으로써 도시의 정체성과 경쟁력을 동시에 강화하는 길이다. 결국 영주는 "선비정신 + 디지털 교육·AI 문화"라는 모델을 통해 전통과 혁신을 아우르는 미래형 도시로 도약할 수 있다.

종합 비전 요약

'영주의 미래는 다시 그릴 수 있다'

〈표 2-1. 영주의 3대 미래 비전 요약〉

비전	핵심 키워드	주요 목표	기대 효과
살고 싶은 도시	정주환경	주거·교육·문화·안전	인구 감소 완화
머무는 도시	관광·체류	숙박·체험·원도심재생	소비 증가·일자리
일할 수 있는 도시	산업·일자리	농업·제조업·신산업	경제 체질 개선

이 세 가지가 서로 연결될 때 영주는 단순한 지방 도시가 아니라 다시 사람들이 모이고, 기업이 투자하며, 청년이 머무는 도시로

변화할 수 있다. 생활의 안정과 편안함을 제공하는 정주환경, 머물고 싶은 공간과 체류형 관광을 만드는 문화·관광, 그리고 일할 수 있는 산업 생태계가 하나의 흐름으로 이어질 때 도시 전체가 활력을 되찾는다.

시민들은 삶의 질을 높이고, 기업은 성장의 기회를 발견하며, 청년들은 미래를 설계할 수 있는 터전을 찾는다. 결국 이 연결이 영주를 지속 가능한 성장의 길로 이끌며, 활력과 매력을 갖춘 새로운 도시로 완성시킨다.

맺음말

비전은 도시의 미래를 밝히는 등불이다.

도시의 비전은 단순한 수사나 문장이 아니다. 그것은 도시가 어떤 가치를 추구하고, 어떤 경제 구조를 만들어가며, 어떤 문화를 남기고, 어떤 삶의 방식을 선택할 것인지를 보여주는 나침반이다. 영주는 이미 충분한 잠재력을 지니고 있으며, 이를 바탕으로 도시의 도약은 충분히 가능하다.

중요한 것은 그 출발점에 분명한 미래 비전을 세우는 것이다. 명확한 비전이 있을 때 도시의 방향은 흔들리지 않고, 시민과 기업, 청년과 관광객 모두가 그 비전에 공감하며 함께 나아갈 수 있다. 영주의 변화와 성장은 바로 이 분명한 비전에서 시작된다.

제3장. 산업 혁신전략

영주의 경제지도를 다시 그리다.

프롤로그

산업은 도시의 운명을 바꾼다.

나는 중앙부처에서 30여 년간 국가 산업정책을 설계하고 집행해 왔다. 항만, 물류, 해양, 수산, 기후, 국제협력 등 수많은 산업을 지켜보며 확실하게 깨달은 점이 있다. 도시는 하나의 산업으로 살아가는 것이 아니라, 산업의 구조로 살아간다는 사실이다.

특정 산업이 잘된다고 해서 도시가 곧바로 살아나는 것은 아니다. 산업들이 서로 연결되고, 보완하며, 인력이 순환하고, 그 산업이 도시의 주거·문화·교육과 맞물려 돌아갈 때 비로소 도시는 '경제를 가진 도시'로 성장한다.

영주는 지금 전환의 문 앞에 서 있다. 농업과 제조업, 관광과 문화, 그리고 신산업의 잠재력이 각각 존재하지만 아직은 제각각 흩어져 있다. 이제는 이를 하나의 산업 구조로 설계해야 한다.

영주 산업의 미래를 결정할 세 가지 축은 농업, 풍기인견, 그리고 첨단산업(베어링·신소재)이다. 이 세 축을 중심으로 도시 전체의 경제지도를 새롭게 재편하는 전략을 세워야 한다. 그렇게 할 때 영주는 산업의 폭을 넓히고, 일자리를 늘리며, 청년이 돌아오고, 도시의 구조 자체가 변화하는 지속가능한 성장의 길로 나아갈 수 있다.

21세기 농업혁명

농업을 산업으로 바꾸다

영주는 한국 농업의 '숨은 챔피언'이다.

영주는 대한민국에서 가장 다양한 농업 자원을 가진 도시 중 하나로 꼽힌다. 사과, 풍기인삼, 부석태콩, 생강, 한우, 포도, 복숭아, 잡곡과 약초류 등 그 품목은 매우 풍부하며, 단순한 생산을 넘어 수준 높은 품질과 역사성을 갖춘 농업을 이어오고 있다.

그러나 2024년 현재 영주 농가가 직면한 가장 큰 문제는 품질이 아니다. 오히려 농업 구조 자체가 취약하다는 점이 핵심이다. 생산은 뛰어나지만 유통과 가공, 브랜드화, 판로 확대가 체계적으로 연결되지 못해 농업의 잠재력이 충분히 발휘되지 못하고 있다. 따라서 영주 농업의 미래를 위해서는 품질을 넘어 구조를 혁신하는 전략이 필요하다.

〈표 3-1. 영주 농업의 구조적 문제〉

문제	내용
고령화	농가의 평균 연령 66세 전후
생산 중심 구조	가공·브랜딩·수출 비중 낮음
청년 진입 부족	초기 비용·기술장벽·주거 문제
유통 다변화 부족	대형 유통망 의존
관광·체험 연계 부족	농업의 6차 산업화 미흡

농업은 단순히 생산만 잘하는 것으로는 한계가 있다. 아무리 우수한 품질의 농산물을 재배하더라도 이를 산업화하지 못하면 부가가치를 높일 수 없고, 지역 경제로 확산되는 효과도 제한적이다. 따라서 농업은 생산 단계에서 멈추지 않고 가공, 유통, 브랜드화, 관광과의 연계까지 이어져야 한다.

이렇게 산업화된 농업은 단순한 먹거리 공급을 넘어 지역의 일자리와 기업을 창출하고, 청년들이 돌아올 수 있는 기반을 마련하며, 도시 전체의 경쟁력을 강화한다. 결국 영주가 나아가야 할 길은 생산 중심의 농업을 넘어 산업화된 농업으로 전환하는 것이다.

영주 농업의 미래 전략 "농업 × 관광 × 가공" 삼각 모델

영주의 농업은 단순한 '농사'가 아니라 도시의 산업 엔진으로 바라보아야 한다. 이를 위해서는 "농업 × 관광 × 가공"이라는 삼각 모델을 구축하는 전략이 필요하다.

첫째, 브랜드 통합이다. 현재 영주의 농산물은 품목별로 지나치게 세분되어 있어 마케팅 효과가 분산되고 있다. 이를 하나의 강력한 브랜드로 묶어 "영주 프리미엄(Yeongju Premium)", "소백산 테루아(Terroir)", "선비 팜 컬렉션(Seonbi Farm Collection)"과 같은 이름으로 신뢰를 형성해야 한다. 브랜드는 곧 소비자의 믿음이며, 시장 경쟁력의 핵심이다.

둘째, 농식품 가공·유통 혁신센터 설립이다. 미국 캘리포니아의 농업 성공은 단순히 좋은 포도 때문이 아니라 가공, 와이너리, 관광, 유통이 결합된 구조 덕분이었다. 영주에도 이러한 혁신센터가

풍기인삼

필요하다. 가공·포장·온라인 유통·R&D를 담당하는 거점에서 영주 사과 식초, 사과 와인, 인삼 기능식품, 생강음료 등 다양한 부가가치 제품을 개발할 수 있다.

셋째, 청년농 창업 기반 구축이다. 청년들이 농촌을 떠나는 이유는 '살고 싶지 않아서'가 아니라 '살 수 있는 기반이 없기 때문'이다. 따라서 청년농 창업 보조금, 스마트팜 기술 교육, 초기 주거 제공, 손쉬운 임대농지 시스템, 기술지원과 리스크 관리 전문조직을 마련해야 한다. 이를 통해 영주는 '귀농·귀촌 1번지'로 자리매김할 수 있다.

해외 사례에서도 영감은 얻을 수 있다. 일본 나가노현은 사과와 포도 농업을 숙박, 와이너리, 레스토랑, 체험과 결합해 지역소득을 세 배까지 끌어올렸다. 영주 역시 사과와 한우, 사과 와인, 체험 농장을 조합해 농업과 관광, 가공을 연결하는 새로운 성장 모델을 만들어낼 수 있다. 결국 이 삼각 모델은 영주 농업을 도시 경제의 핵심 엔진으로 전환시키는 전략이 될 것이다.

세계를 향한 섬유 혁명

풍기인견의 대도약

풍기인견은 '원조 브랜드'라는 드문 자산을 가졌다.

국내외 수많은 섬유기업 가운데 스스로를 '원조'라 부를 수 있는 섬유는 많지 않다. 풍기인견은 그중에서도 특별한 위치를 차지한다. 100년에 가까운 역사를 지니고 있으며, 고품질 인견 원사를 생산하고, 친환경 소재와 전통 기술을 기반으로 발전해왔다.

또한 지역 협동조합을 중심으로 운영되며 공동체적 가치까지 담아낸 섬유다. 그러나 이러한 강점을 지니고 있음에도 불구하고 풍기인견은 아직 세계화의 길을 충분히 열지 못했다. 진정한 도약을 위해서는 글로벌 시장에서 경쟁할 수 있는 브랜드화와 국제적 네트워크 구축이 필요하다. 풍기인견이 세계로 나아갈 때, 영주는 섬유 산업의 중심 도시로 다시 자리매김할 수 있을 것이다.

풍기인견 세계화 전략 "전통 × 기술 × 패션"

풍기인견이 세계적 섬유 산업으로 도약하기 위해서는 세 가지 전략이 필요하다.

풍기인견

첫째, 글로벌 패션기업과의 협업이다. 이탈리아, 일본, 미국의 디자이너 브랜드와 '풍기 라인'을 공동 개발하여 리넨, 텐셀, 실크처럼 "친환경 프리미엄 소재"라는 정체성을 확립해야 한다. 이를 통해 풍기인견은 국제 시장에서 경쟁력 있는 브랜드로 자리매김할 수 있다.

둘째, 소재 혁신을 위한 R&D센터 설립이다. 오스트리아 렌징사의 텐셀은 단 하나의 '친환경 인증'으로 전 세계 패션시장을 뒤흔들었다. 풍기인견 역시 항균 기능, 냉감 기술, 고내구성, 스포츠웨어와 침구용 원단, 베이비 및 민감성 피부 특화 라인 등 다양한 혁신을 통해 '조용한 럭셔리(Silent Luxury)' 시장의 핵심 소재로 성장할 수 있다.

셋째, "풍기인견 월드센터"를 조성하는 것이다. 전시와 체험관, 디자인 스튜디오, 컨셉스토어, 연구실, 글로벌 바이어 쇼룸을 갖춘 복합 공간을 마련하여 풍기인견을 단순한 제품이 아니라 '목적지 산업'으로 발전시켜야 한다. 이곳은 세계 바이어와 소비자가 직접 찾아오는 산업 거점이 되어 풍기인견의 글로벌 브랜드화를 견인할 것이다.

이 세 가지 전략이 결합될 때 풍기인견은 전통과 혁신을 동시에 품은 세계적 섬유 도시 영주의 상징으로 자리잡게 된다.

첨단산업 클러스터

베어링·정밀부품의 도시

영주는 첨단 제조도시로 갈 수 있다.

베어링은 모든 산업의 뿌리라 할 수 있다. 자동차와 항공, 반도체와 로봇, 풍력발전에 이르기까지 움직이는 기계가 있는 곳에는 반드시 베어링이 존재한다. 그만큼 베어링은 산업의 기반을 이루는 핵심 요소이며, 도시의 미래를 결정짓는 전략적 자산이다.

영주 베어링 국가산단은 이러한 산업적 의미를 담아 도시의 산업구조를 근본적으로 바꿀 수 있는 절호의 기회다. 단순한 제조단지를 넘어 첨단 기술과 신소재, 글로벌 시장을 연결하는 거점으로 발전한다면 영주는 '베어링 첨단산업 도시'로 도약할 수 있으며, 이는 곧 새로운 일자리와 청년 유입, 지역 경제의 활력으로 이어질 것이다.

산업 성공의 조건 "기술 × 사람 × 정주환경"

〈도표 3-3. 산업 성공 3요소〉

요소	설명
기술	R&D·공정혁신·대학·기업 협업
사람	기술인력·숙련공·전문가
정주환경	주거·교육·문화·아이 키우기 좋은 환경

영주는 이미 기술 기반에서는 출발선에 올라 있다. 스마트농업, 드론, 디지털콘텐츠, 스마트물류 등 새로운 분야에서 가능성을 열어가며 미래 산업으로 나아갈 준비를 하고 있다. 그러나 도시가 지속적으로 성장하기 위해서는 기술만으로는 충분하지 않다. 그 기술을 활용하고 발전시킬 사람이 필요하고, 사람들이 머물며 삶을 이어갈 수 있는 정주환경이 뒷받침되어야 한다.

현재 영주는 인력 유출과 청년층 감소로 인해 노동력 기반이 약화되고 있으며, 주거·교육·문화 등 생활 인프라가 부족해 외부 인재가 정착하기 어려운 상황이다.

따라서 영주가 진정한 기술도시로 도약하기 위해서는 인재를 양성하고 유입할 수 있는 전략과 함께, 주거와 교육, 문화가 균형을 이루는 정주환경을 확실히 보완해야 한다. 기술과 사람이 만나고, 정주환경이 이를 지탱할 때 영주는 비로소 지속 가능한 성장의 길에 들어설 수 있다.

영주 첨단베어링 국가산단

영주의 첨단산업 전략

영주가 산업도시로 도약하기 위해서는 세 가지 전략적 접근이 필요하다.

첫째, 기술특화 대학과 연구기관과의 협력이다. 금오공대, 영남대, 국가기술원 등과 연계하여 산학연 공동연구센터를 설립하고, 로봇·정밀부품·신소재 분야의 연구를 집중적으로 추진해야 한다. 이는 산업 경쟁력을 높이고 첨단 기술을 지역에 뿌리내리게 하는 기반이 된다.

둘째, 산업 맞춤형 인력을 양성하는 직업학교 설립이다. 독일의 마이스터 제도나 일본의 고등직업학교처럼 1년 과정으로 실습을 70% 이상 포함하고, 기업과 학생을 직접 매칭하는 시스템을 도입한다면 산업 현장에 즉시 투입 가능한 전문 인력을 길러낼 수 있다. 이러한 모델은 도시 성장의 핵심 동력이 될 것이다.

셋째, 산업단지와 도심을 연결하는 생활벨트 구축이다. 산단에 사람이 오려면 도심이 매력적이어야 한다. 산단과 도심을 연결하는 셔틀, 청년 커뮤니티 공간, 문화시설 연계, 정주형 주거 공급을 통해 청년과 근로자가 머물고 싶은 환경을 만들어야 한다.

해외 사례에서도 교훈을 얻을 수 있다. 일본 도야마시는 제조업 쇠퇴를 겪었지만 지역 맞춤형 기술학교를 설립하고 정주환경을 개선하여 청년 U턴율을 전국 1위로 끌어올렸다. 영주 역시 같은 방식으로 청년을 되돌리고, 산업과 도시가 함께 성장하는 선순환 구조를 만들어낼 수 있다.

안정비행장 기반 '영주 드론특구' 및 무인이동체(UAM) 산업 전략

영주는 전통산업의 강점을 지니면서도 미래 신산업을 도입할 수 있는 전략적 전환점에 서 있다. 특히 안정비행장은 활주로 길이가 2.5km 이상으로, 전국에서도 보기 드문 자산이다. 이 규모는 중형 항공기의 이착륙까지 가능하게 하며, 드론과 UAM(도심항공교통) 실증을 위한 최적의 테스트베드로 평가된다. 이러한 인프라는 영주가 단순히 전통 산업의 도시를 넘어 첨단 모빌리티 산업의 중심지로 도약할 수 있는 기회를 제공한다. 결국 안정비행장은 영주의 산업 구조를 혁신하고 미래형 도시로 나아가는 핵심 거점이 될 수 있다.

영주가 드론·UAM 산업과 궁합이 좋은 이유

영주는 드론과 UAM 산업을 실증하기에 최적의 조건을 갖춘 도시다. 우선 2.5km급 활주로를 보유한 안정비행장은 국내 지자체 가운데서도 매우 드문 자산으로, 중형 항공기 수준의 이착륙까지 가능해 첨단 모빌리티 테스트베드로 활용할 수 있다.

또한 산림과 하천, 평지가 복합된 지형은 드론 실증에 가장 적합한 환경을 제공한다. 영주는 농업도시로서 정밀농업, 드론 방제, 토양 분석 등 다양한 수요가 풍부하며, 베어링·기계·금속 산업 기반은 드론 부품과의 연계 가능성을 높인다.

더 나아가 풍부한 관광자원은 드론 콘텐츠와 VR 영상 산업과 자연스럽게 결합할 수 있고, 영주-봉화-울진으로 이어지는 산악권은 드론 배송 테스트의 최적지로 평가된다. 이러한 조건들이 모여 영주는 드론과 UAM 산업의 실증과 확산을 선도할 수 있는 도시로 도약할 잠재력을 지니고 있다.

영주 드론특구(UAV Freedom Zone) 확대 전략

영주는 이미 국토부와 산림청을 통해 드론 자유비행구역 일부 지정을 받은 경험이 있다. 이를 한 단계 더 나아가 규제자유특구로 확대 지정한다면 다양한 첨단 실증이 가능해진다. 야간비행을 허용하고, 가시권 밖(BVLOS) 비행을 실험할 수 있으며, 25kg 이상 중량화물을 운송하는 드론 실증도 추진할 수 있다.

또한 UAM의 이착륙과 저고도 회랑 구축을 통해 미래형 교통체

영주 드론 특구 조성

계를 시험할 수 있고, 산불이나 재난 상황을 관측하는 드론 활용도 가능하다. 농업 분야에서는 스마트드론을 활용한 방제와 정밀농업 실증이 이루어질 수 있으며, 영주-봉화-울진으로 이어지는 산악권에서는 드론 배송을 통한 물류 혁신을 시험할 수 있다. 이러한 규제자유특구 지정은 영주를 드론과 UAM 산업의 선도 도시로 도약시키는 결정적 계기가 될 것이다.

국내 규제자유특구 성공사례 분석

강원도는 드론특구 지정 이후 불과 2년 만에 70개 기업을 유치하며 드론택배와 산불감시 실증을 확산시켰다. 전남 고흥은 항공우주와 드론기업 100개 이상을 집적시키고 대형 드론 비행센터를 구축하여 산업 거점으로 성장했다. 경남 사천은 항공MRO 기반을 활용해 UAM과 드론정비 산업을 발전시키며 새로운 성장 동력을 확보했다.

이들의 공통점은 분명하다. 활주로와 시험장 같은 물리적 인프라, 규제특례라는 제도적 지원, 그리고 기업지원이 결합될 때 폭발적인 성장이 가능하다는 것이다. 이러한 사례는 영주가 드론과 UAM 산업을 미래 전략으로 삼을 때 반드시 참고해야 할 중요한 교훈을 보여준다.

영주의 드론 기업 유치 전략

영주가 드론과 UAM 산업의 거점으로 도약하기 위해서는 구체적인 실행 전략이 필요하다. 먼저 드론 제조와 정비(MRO)센터를 유치하여 산업 기반을 확고히 하고, 동시에 드론 R&D 연구동을 건립해 기술 혁신을 선도해야 한다.

여기에 영상과 VR 드론콘텐츠 기업을 유치하면 관광과 문화 산업과의 융합을 통해 새로운 부가가치를 창출할 수 있다. 또한 UAM 모의 비행센터를 구축해 미래형 교통체계 실증을 준비하고, 드론 스타트업에게는 '입주 + 실증 + 투자'가 결합된 패키지 지원을 제공함으로써 창업 생태계를 활성화할 수 있다.

이러한 전략들이 결합될 때 영주는 단순한 드론 실증 도시를 넘어, 제조·연구·콘텐츠·교통·창업이 어우러진 종합 산업 허브로 성장할 수 있다.

드론·UAM 산업과 영주 기존 산업의 연결전략

드론은 장기적으로 영주 산업 전체의 생산성과 효율성을 혁신할 수 있는 핵심 도구로 자리매김할 수 있다. 영주는 농업, 산림, 제조, 관광, 물류 등 다양한 산업 분야에서 드론을 활용할 수 있어 시너지 효과가 매우 크다.

농업에서는 드론을 통해 병해충을 조기에 감지하고 농약을 자동으로 살포할 수 있으며, 작황 모니터링과 토양 분석을 통해 정밀 농업을 실현할 수 있다. 이는 특히 고령 농업인의 작업 부담을 크게 줄여 농업 지속성을 높이는 데 기여한다. 산림 분야에서는 소백산권 산불을 조기에 감지하고 산사태나 침수 위험을 예측하며, 등산객 구조와 탐색 지원에도 활용할 수 있어 재난관리 혁신을 이끌 수 있다.

제조업에서는 영주 베어링 국가산단과 드론 부품 산업을 연계하여 금속·정밀가공 기반을 활용한 기체, 프레임, 베어링 기술 개발로 산업 확장을 도모할 수 있다. 물류 분야에서는 영주-봉화-울진 산악권을 대상으로 드론 배송 시범사업을 추진해 응급약품이나 농특산물의 신선배송을 실증할 수 있다.

관광에서는 부석사와 무섬마을을 중심으로 드론 영상과 VR 서비스를 제공하고, 드론 레이싱이나 드론쇼 같은 체류형 관광 콘텐츠를 창출하여 지역 관광의 새로운 매력을 더할 수 있다. 마지막으로 교육 분야에서는 드론 조종, 정비, 운영 전문인력을 양성하고 폴리텍, 지역 대학, 고교와 연계한 기술교육을 통해 청년 유입을 촉진할 수 있다.

이처럼 드론은 영주의 산업 전반에 걸쳐 혁신을 촉발하는 도구로, 도시의 미래 성장 전략에서 중요한 축이 될 수 있다.

영주의 산업 전체를 연결하는 '균형 있는 산업융합 전략'

서론 영주 산업전략은 '한 분야 집중'이 아니라 '균형 잡힌 다핵(多核) 구조'

영주의 산업구조는 농업, 정밀가공과 베어링을 중심으로 한 제조업, 풍기인견 섬유산업, 관광과 문화콘텐츠, 산림과 환경, 그리고 드론·UAM·AI·데이터와 같은 신산업까지 여러 축이 동시에 존재한다. 이러한 다층적 구조 속에서 영주 산업정책의 핵심은 특정 산업에만 올인하는 방식이 아니라, 서로 다른 산업들을 유기적으로 연결해 전체 생산성을 높이는 데 있다. 농업과 관광, 제조와 신소재, 전통 섬유와 첨단 기술이 서로 보완하며 순환할 때 도시의 경제는 지속가능한 힘을 얻게 된다.

드론·UAM 산업 역시 그 자체로 도시를 이끌어가는 주력 엔진이라기보다는, 영주의 전통산업을 뒷받침하고 확장시키는 보조엔진(sub-engine)으로 보는 것이 가장 현실적이다. 즉, 드론과 UAM은 농업의 정밀화를 돕고, 산림 관리와 물류 혁신을 지원하며, 관광과 문화콘텐츠를 확장하는 도구로 활용될 때 영주의 산업 전체가 균형 있게 성장할 수 있다.

농업·산림·제조·관광… 산업 간 시너지를 만드는 도시 전략

영주는 다양한 산업을 동시에 보유한 도시이기 때문에 한 분야에만 집중하기보다는 각 산업을 서로 연결하는 전략이 핵심이다.

농업과 제조업은 농기계·농자재·포장재 산업을 육성하고 스마트팜 장비와 센서 제조를 협력함으로써 상호 발전할 수 있다.

제조업과 관광은 풍기인견을 체험과 전시 산업으로 확장하고, 베어링 국가산단을 기술관과 산업관광으로 연결하여 새로운 부가가치를 창출할 수 있다.

농업과 관광은 사과, 한우, 인삼, 부석태를 기반으로 한 로컬푸드와 6차산업을 발전시키고, 영주 에키벤, 농촌체험, 치유농업을 통해 도시의 매력을 높일 수 있다.

산림과 관광은 소백산과 영주댐을 활용한 숲치유 산업, 트레킹, 캠핑, 레저 관광으로 확장될 수 있다. 결국 영주의 산업은 각자 따로 성장하는 구조가 아니라 서로 연결되고 보완하며 함께 성장하는 구조로 발전해야 한다.

드론·UAM 산업은 장기적으로 영주 산업 생태계의 '지원축'

드론과 UAM 산업은 아직 국가적으로 초기 단계에 머물러 있어 영주가 독자적으로 산업을 주도하기까지는 시간이 필요하다. 그러나 안정비행장이라는 드문 인프라와 산림·농업 환경 등 영주가 가진 조건은 드론 산업을 시도해볼 가치가 있는 분야로 만든다. 따라서 드론은 영주의 미래산업 옵션 중 하나로서, 기존 산업을 지원하는 역할로 보는 것이 더 적절하다.

농업에서는 방제와 생육 모니터링을 통해 농촌 고령화 문제에 대응할 수 있으며, 산림과 안전 관리에서는 산불 감지와 산사태 위험을 사전에 파악하는 데 활용될 수 있다. 물류 분야에서는 영주-

드론 농업

봉화-울진 산악 지대에서 제한적인 드론 배송 실증이 가능하고, 제조업에서는 부품과 정밀가공 일부 분야로 확장할 수 있는 잠재력이 있다.

결국 드론은 영주의 메인 산업으로 자리잡기보다는, 농업·산림·물류·제조업 등 기존 산업을 뒷받침하고 확장시키는 기술적 도구로서 정확한 위치를 갖는다. 이는 영주 산업 전체의 생산성과 효율성을 높이는 보조엔진으로서의 역할을 수행하는 것이다.

영주시 산업혁신의 중심축은 여전히 '전통산업 고도화 + 복합관광 + 첨단제조'

현실적으로 영주 산업에서 가장 빠르게 효과를 낼 수 있는 분야는 세 가지로 압축된다.

영주국립산림치유원

첫째는 농업의 고도화이다. 스마트농업을 도입하고 로컬브랜딩을 강화하며, 가공·유통 혁신을 통해 부가가치를 높이는 동시에 청년 인력을 양성하는 것이 핵심이다.

둘째는 제조업과 베어링 국가산단의 고도화이다. 정밀가공과 소재기술을 발전시키고, 베어링 산업을 글로벌 시장으로 확장하며, 기술인력과 전문학교를 육성해 산업 경쟁력을 강화해야 한다.

셋째는 문화·관광·체류형 산업이다. 선비정신을 기반으로 한 교육·문화산업을 발전시키고, 원도심 재생과 세카이호텔 같은 새로운 공간을 조성하며, 에키벤·레저·치유 관광을 통해 도시의 매력을 높일 수 있다.

이 세 분야는 드론·UAM 산업보다 즉시성과 확장성, 그리고 일자리 창출 효과에서 훨씬 크고 현실적인 성과를 가져올 수 있는 전략적 선택지다.

결론 영주는 "다핵(多核) 산업도시"가 되어야 한다.

영주는 단일산업으로 성장할 수 있는 도시가 아니다. 오히려 여러 산업이 균형 있게 구성된 "다핵(多核) 산업도시 모델"이 가장 적절하다. 핵심 축으로는 농업, 제조업, 풍기인견, 문화·관광이 자리하고, 보조 축으로는 드론·UAM, 스마트물류, 데이터 기반 행정과 환경기술이 더해진다.

여기에 6차산업, 지역브랜드, 교육·인재양성, 체류형 관광, 디지털콘텐츠 같은 연결 축이 산업 간의 시너지를 만들어낸다. 이러한 다핵 구조를 통해 영주는 특정 산업이 흔들리더라도 다른 산업이 도시를 지탱하는 안정적인 구조를 갖출 수 있다. 특히 드론·UAM 산업은 도시 전체를 이끄는 주력 엔진이라기보다는 기존 산업을 보완하고 강화하는 "지원형 미래산업"으로 자리매김하는 것이 현실적이다.

스마트 농업

산업혁신은 영주의 운명을 바꾸는 투자다. 도시의 산업은 단순히 경제의 문제가 아니라 도시의 미래를 결정짓는 가장 중요한 투자이기 때문이다. 영주는 이미 충분한 잠재력을 갖고 있으며, 농업과 풍기인견, 정밀부품 산업이 서로 연결될 때 대한민국 중형도시 산업 모델로 도약할 수 있다.

이제 다음 단계는 문화·관광 르네상스를 통해 영주의 매력도를 어떻게 높일 수 있는지 살펴보는 것이다.

제4장. 문화·관광 르네상스

선비정신의 현대적 구현

프롤로그

영주의 미래는 결국 '문화'에서 결정된다

도시는 산업으로 생계를 이어가지만, 결국 문화로 기억되고 관광으로 사랑받으며 정체성으로 지속된다. 나는 중국과 영국, 동남아시아 등 세계 여러 도시를 다니며 수많은 사례를 비교해본 경험이 있다. 경제적 구조는 비슷해도 문화가 나라를 다르게 만들고, 관광은 도시의 첫인상과 매력을 결정한다는 사실을 확인할 수 있었다.

영주는 대한민국에서 가장 독특한 문화적 유전자를 가진 도시다. '선비도시'라는 정체성은 단순한 옛 이야기나 관광을 위한 캐치프레이즈가 아니다. 독서, 토론, 사색, 절제, 공동체라는 가치가 여전히 살아 있으며, 이는 지금 시대에도 너무나 현대적인 역량이다.

특히 "선비정신은 AI 시대에 가장 필요한 인간 능력이다"라는 말처럼, 인공지능이 발달할수록 사람만이 할 수 있는 능력-사색, 토론, 지적 호기심, 인간적 성찰-이 더욱 중요해진다.

따라서 영주의 문화·관광 혁신은 단순히 지역의 매력을 높이는 차원을 넘어, 도시를 다시 뛰게 만드는 원동력이 될 수 있다. 선비정신은 과거의 유산이 아니라 미래와 연결되는 가치이며, 영주가 이를 현대적으로 재해석하고 산업·관광·교육과 결합할 때, 도시의 정체성은 더욱 강력해지고 세계 속에서 차별화된 위치를 차지할 수 있다.

영주의 문화 정체성

선비정신의 현대적 의미

선비정신은 과거가 아니라 미래다.

어릴 적 관사골 골목에서 친구들과 놀다 집으로 돌아오면, 집안마다 램프가 켜져 있고 어른들이 밤늦게까지 책을 읽거나 담소를 나누던 모습이 있었다. 그 풍경은 단순한 일상이 아니라 '배움과 사색의 문화'가 자연스럽게 녹아 있던 영주의 전통이었다. 바로 이 전통 속에서 선비정신이 이어져 왔다.

선비정신의 본질은 세 가지로 요약할 수 있다. 첫째, 끊임없는 배움과 지적 호기심, 둘째, 토론과 사색을 통한 성찰, 셋째, 절제와 공동체적 가치이다. 이러한 본질은 단순히 과거의 유산이 아니라

영주선비촌

미래 인재상과도 연결된다. AI 시대가 도래하면서 기술이 인간의 많은 역할을 대신하게 되지만, 사색과 토론, 인간적 성찰은 오히려 더 중요한 능력으로 부각된다.

따라서 영주는 '선비도시'라는 정체성을 현대적으로 재해석할 필요가 있다. 독서와 토론, 공동체적 삶을 기반으로 한 선비정신을 교육, 문화, 관광, 산업과 결합한다면 영주는 전통과 미래가 공존하는 독창적인 도시 모델로 자리매김할 수 있다.

〈표 4-1. 선비정신의 핵심 역량〉

핵심요소	현대적 의미	AI시대 적용
독서(學)	지식 습득능력	정보 해석·분석
토론(問)	논리·협업역량	집단지성 협업
사색(思)	창의·통찰	기획·혁신
절제(戒)	자기관리	디지털 균형
공공성(義)	공동체 정신	시민참여

영주의 역사와 자연 문화의 뿌리

영주는 소백산의 바람과 서천의 물길, 부석사의 고요함이 어우러져 자연과 정신을 함께 품은 도시다. 부석사 무량수전의 단아한 비례감은 영주의 미학을 보여주고, 소수서원의 선비 교육은 지적 전통을 이어오며, 무섬마을의 외나무다리 공동체는 사람과 사람을 잇는 삶의 가치를 담고 있다. 이처럼 영주의 '문화 DNA'는 자연과 건축, 교육과 공동체가 조화를 이루며 도시의 정체성을 압축적

화엄종찰 부석사

으로 드러낸다.

이제 중요한 것은 이 DNA를 오늘날의 교육, 관광, 문화산업과 연결하는 일이다. 선비정신을 현대적으로 재해석해 교육 콘텐츠로 발전시키고, 부석사와 무섬마을을 중심으로 한 관광 자원을 체류형 문화산업으로 확장한다면 영주는 단순한 전통 도시가 아니라 미래형 문화도시로 도약할 수 있다. 바로 이러한 연결과 확장이 영주의 문화르네상스 전략이며, 도시의 매력을 다시 뛰게 만드는 핵심 동력이 될 것이다.

"Seonbi Valley" 프로젝트

선비정신을 산업으로 만들다.

나는 영주의 문화·관광 전략이 단순히 '선비문화' 하나로만 충분하다고 생각하지 않는다. 선비문화는 너무나 고귀한 가치이기에 이를 단순한 소모성 관광 자원으로 소비한다면 오히려 도시의 정체성을 훼손할 위험이 있다.

영주가 해야 할 일은 선비정신을 현대적으로 확장하여 교육, 콘텐츠, 문화산업으로 연결하는 것이다. 독서와 토론, 사색과 공동체라는 선비정신의 본질을 오늘날의 교육 프로그램, 디지털 콘텐츠, 문화 창업 생태계와 결합한다면 영주는 전통을 지키면서도 미래를 열어가는 도시로 도약할 수 있다.

이러한 맥락에서 나는 'Seonbi Valley(선비밸리)'를 제안한다. 선비밸리는 단순한 관광지가 아니라, 선비정신을 기반으로 한 교육과 연구, 창업과 문화산업이 집적되는 공간이다. 여기서 영주는 전통을 현대적으로 재해석하고, 청년과 기업을 끌어들이며, 세계 속에서 차별화된 문화도시로 자리매김할 수 있다. 선비밸리는 영주의 정체성을 지키면서도 확장하는 전략적 플랫폼이 될 것이다.

선비밸리의 목표 체험 서당교육

영주는 선비정신을 단순히 과거의 유산으로 머무르게 해서는 안 된다. 이제는 이를 현대 교육, 관광, 콘텐츠 산업으로 재창조하여 새로운 도시 브랜드로 발전시켜야 한다. 선비정신의 핵심인 민주적 리더십, 토론, 시민교육을 기반으로 도시 정체성을 구축한다면 영주는 단순한 전통 도시가 아니라 미래형 교육·문화 도시로 자리매김할 수 있다.

꼬마선비체험 (선비문화축제)

청소년과 청년, 그리고 국제 방문객이 찾아와 '사색 도시'에서 배움과 성찰을 경험하게 만드는 것이 중요하다. 이는 단순한 관광이 아니라 체류형 교육·문화 콘텐츠로 확장될 수 있으며, 영주만의 독창적인 매력을 세계에 알리는 계기가 된다.

또한 디지털과 AI 시대일수록 인간 중심의 교육이 더욱 필요하다. 영주는 선비정신을 토대로 사색과 토론, 공동체적 성찰을 강조하는 교육도시로 발전함으로써 기술과 인간성이 균형을 이루는 모델을 제시할 수 있다. 이렇게 영주는 전통과 미래가 연결된, 독창적이고 지속가능한 문화·교육 도시로 도약할 수 있다.

선비밸리 5대 프로그램

영주는 선비정신을 현대적으로 확장하기 위해 다섯 가지 전략을 추진할 수 있다.

첫째, 디지털 선비 아카이브를 구축하여 영주의 선비, 서원, 학맥, 유물 등을 디지털로 저장하고 VR·AR 기반의 체험형 스토리 콘텐츠를 개발한다. 이를 통해 글로벌 연구자와 학생들이 활용할 수 있는 자료센터로 발전시킬 수 있다.

둘째, 글로벌 선비 리더십 스쿨을 운영하여 토론·협업·리더십 교육을 제공하고, 중·고·대학생과 공직자를 대상으로 한 프로그램을 마련한다. 여름과 겨울에 국제 학교를 운영함으로써 영주는 아시아의 "하버드 모델 시민교육 도시"로 도약할 수 있다.

셋째, "사색 캠프(Thinking Camp)"를 소백산 자락, 서천 강변, 무섬마을을 배경으로 청소년과 청년을 위한 사색·글쓰기·토론 프

선비문화축제

로그램으로 운영하여 영주를 '사색 도시'로 자리매김한다.

넷째, 선비문화 국제포럼을 개최해 빌바오, 교토, 퀘벡 등 세계 문화도시 관계자를 초청하고, 문화유산 보존과 전통·현대의 결합, 교육·관광 모델 발전을 논의하는 장을 마련한다. 다섯째, 선비 정원과 인문길을 조성하여 서천 강변 인문 산책길, 소백산 아래 명상 숲길, 부석사-소수서원을 잇는 인문로드를 구축함으로써 시민과 방문객이 선비정신을 일상 속에서 체험할 수 있도록 한다.

이러한 전략은 영주의 문화·관광 혁신을 구체화하며, 선비정신을 세계적 가치로 확장하는 토대가 될 것이다.

해외 사례 에스토니아 탈린의 '전통 + 기술' 도시혁명

에스토니아 탈린은 중세 유럽의 전통거리를 보존하면서도 세계 최고의 디지털 교육을 결합해 '미래형 중세도시'라는 독특한 정체성을 만들어냈다. 이는 과거와 미래가 공존하는 도시 모델의 대표적 사례라 할 수 있다. 영주 역시 같은 방식으로 자신만의 길을 찾을 수 있다. 영주는 선비정신이라는 고유한 문화적 자산을 지니고 있으며, 이를 단순히 전통으로만 소비하는 것이 아니라 디지털 교육과 결합해 새로운 정체성을 구축할 수 있다.

즉, 영주는 "선비정신 × 디지털 교육"이라는 세계 유일의 문화 정체성을 만들어낼 수 있다. 선비정신의 핵심인 독서, 토론, 사색, 공동체적 가치가 디지털 시대의 교육과 연결될 때, 영주는 전통과 첨단이 융합된 도시로 도약할 수 있다. 이는 영주를 단순한 역사 도시가 아니라, 미래형 교육·문화 도시로 자리매김하게 하는 전략적 비전이 될 것이다.

체류형 관광도시 영주

오고·보고·가버리는 도시에서 머무는 도시로

영주 관광의 구조적 한계

영주는 방문객 수는 많지만, 관광이 소비와 숙박으로 이어지지 않는 구조적 한계를 안고 있다. 현재 영주 관광은 사실상 '4시간짜리 여행'으로 요약된다.

서울이나 대구에서 출발해 부석사와 소수서원, 선비촌을 둘러본 뒤 곧바로 귀가하는 일정이 대부분이며, 지역 내에서 체류하거나 소비하는 경우는 거의 없다. 이러한 구조가 지속된다면 관광을 통해 도시경제를 활성화하는 것은 어렵다.

따라서 영주 관광의 패러다임을 바꾸는 것이 필수적이다. 단순한 당일 방문형 관광에서 벗어나 숙박과 체류, 지역 소비로 이어지는 구조를 만들어야 한다.

이를 위해서는 관광 콘텐츠의 다양화, 체류형 프로그램 개발, 지역 특산품과 로컬푸드 소비를 촉진하는 전략이 필요하다. 관광객이 머물고 쓰고 경험하는 도시로 전환될 때, 영주는 비로소 관광을 통해 경제적 활력을 얻을 수 있을 것이다.

솔루션 "체류형 경험"을 만드는 도시

체류형 관광은 단순히 숙박시설을 늘리는 것만으로는 이루어지지 않는다. 체험과 공간, 감성과 스토리가 결합될 때 비로소 방문객이 머물며 도시를 깊이 경험하게 된다. 영주의 체류형 관광 전략은 바로 이러한 방향을 지향한다.

우선 세카이호텔형 원도심 재생을 통해 오래된 도심을 새로운 문화공간으로 바꾸고, 한옥·재생건축·공유숙소 같은 감성숙박을 제공하여 머무는 경험 자체가 특별한 추억이 되도록 한다. 여기에 루프탑, 야경산책, 야시장 같은 야간관광 콘텐츠를 더해 낮과는 다른 도시의 매력을 보여줄 수 있다. 또한 소백산과 서천을 기반으로 한 명상·치유 프로그램을 운영해 자연 속에서 휴식과 성찰을 경험하게 하고, 교통·입장·식사·체험을 통합한 영주 관광패스를 도입해 편리하고 완결된 여행을 가능하게 한다.

이러한 전략이 결합될 때 영주는 단순한 당일 방문지가 아니라, 머물고 즐기며 소비하는 체류형 관광 도시로 도약할 수 있다.

세카이호텔(Sekai Hotel) 모델 원도심 전체가 호텔이 되는 도시

일본 시마네현의 '세카이호텔'은 독특한 도시재생 사례로 주목받고 있다. 이 프로젝트는 폐가와 빈 상점을 하나씩 리모델링하여 동네 전체를 호텔로 만드는 방식으로 진행되었다. 즉, 특정 건물의 주소가 숙소가 되는 것이 아니라 마을 전체가 하나의 숙소로 기능한다. 주민들은 호텔의 프런트 역할을 맡고, 동네의 카페와 식당은 자연스럽게 부대시설로 연결된다. 이러한 구조는 단순한 숙박을 넘어 지역 공동체와 관광객이 함께 어울리는 새로운 형태의 체류형 관광 모델을 만들어냈다. 세카이호텔은 지역의 빈 공간을 활용해 경제와 문화, 공동체를 동시에 살리는 혁신적 사례로 평가된다.

일본 시네마현 세카이 호텔

영주에 적용할 수 있는 체류형 관광 모델은 도시재생과 관광을 동시에 실현하는 방식이다. 영주동과 하망동의 빈집을 객실로 리모델링하고, 동네의 카페와 식당을 레스토랑으로 연결하며, 문화센터를 라운지로 활용한다. 선비문화관은 프런트와 가이드센터 역할을 맡아 방문객에게 도시의 정체성을 안내하고, 밤거리는 산책과 조명 콘텐츠로 재구성해 야간 관광의 매력을 더한다.

이러한 모델은 단순히 관광객을 위한 숙박을 제공하는 것을 넘어, 빈집과 빈상가 문제를 해결하고 청년 창업 공간을 확보하는 효과를 가져온다. 동시에 지역 관광을 당일형에서 2박 3일 체류형으로 전환시켜 도시경제에 활력을 불어넣을 수 있다. 영주는 이 모델을 통해 지역 공동체와 관광객이 함께 살아 움직이는 새로운 도시 경험을 만들어낼 수 있다.

영주역 중심 관광 플랫폼

히트상품 '에키벤' 프로젝트

나는 영주역이 영주 관광의 중심이 되어야 한다고 확신한다. 철도는 도시의 얼굴이며, 여행자가 가장 먼저 만나는 관문이다. 일본의 많은 도시들은 '에키벤'을 통해 도시 브랜드를 만들고 관광 수입을 올린다. 에키벤은 단순한 도시락이지만, 지역의 특산품을 철저히 활용해 여행과 관광을 연결하는 상품으로 발전했다.

영주는 일본의 도시들보다 훨씬 더 다채로운 식재료를 가지고 있다. 사과, 한우, 인삼, 부석태, 복숭아, 생강 등을 활용한 음식과

일본 에키벤

스토리텔링은 단순한 도시락을 넘어선 문화적 콘텐츠가 될 수 있다. 영주역을 중심으로 이러한 자원을 결합한다면, 영주는 단순한 경유지가 아니라 머물고 소비하는 관광의 거점으로 변모할 수 있다. 결국 영주역은 도시의 얼굴이자, 영주 관광을 다시 뛰게 만드는 핵심 플랫폼이 될 것이다.

영주의 음식 자원을 활용한 도시락은 단순한 식사가 아니라 하나의 문화적 경험이 될 수 있다. 영주 한우 불고기 도시락, 문어·송어 덮밥, 사과 샌드위치, 생강·복숭아 디저트, 풍기 인삼 도시락, 그리고 지역 야채와 두부를 활용한 선비 도시락은 각각 영주의 자연과 전통을 담아낸 작품이다. 여기에 스토리텔링을 결합하면 도시락은 단순한 관광 상품을 넘어 영주의 정체성을 전달하는 매개체가 된다.

예를 들어 "선비의 도시락" 시리즈는 절제와 정성, 영주의 제철

식재료, 건강과 균형의 철학을 담아낸다. 도시락 하나하나가 선비정신을 현대적으로 재해석한 결과물이며, 여행객은 음식을 통해 영주의 문화와 가치를 체험하게 된다.

이렇게 만들어진 도시락은 영주역과 관광지에서 판매될 때, 단순한 끼니가 아니라 도시의 이야기를 전하는 콘텐츠가 된다. 결국 영주의 도시락은 맛과 영양을 넘어, 선비정신과 지역의 풍요로움을 담아낸 문화 브랜드로 자리매김할 수 있다.

문화-관광-도시재생을 하나로 묶는 구조

도시는 개별 사업만으로는 움직이지 않는다. 문화와 관광, 도시재생과 상권이 하나의 '경제선'으로 연결될 때 비로소 도시 전체가 살아난다. 영주 역시 이러한 연결 구조를 통해 새로운 활력을 얻을 수 있다.

예를 들어 부석사에서 시작된 여행은 사색 캠프로 이어지고, 영주역의 에키벤으로 지역 식재료를 경험하며, 원도심의 세카이호텔에서 숙박을 한다. 이어서 로컬 카페와 공방에서 지역 문화를 체험하고, 소백산 명상 트레킹과 서천 인문산책길로 자연과 정신을 함께 즐길 수 있다. 이러한 흐름은 단순한 관광 동선을 넘어 체류시간을 늘리고, 소비를 증가시키며, 결국 지역 일자리 창출로 이어진다.

즉, 영주의 문화·관광 연결 지도는 도시의 자원을 하나의 선으로 엮어내는 전략이며, 이를 통해 영주는 당일형 관광지를 넘어 체류형 문화도시로 도약할 수 있다.

해외 사례

영주가 참고할 만한 성공 모델

일본 유후인의 감성관광 성공

온천마을은 '작은 미술관·로컬 카페·감성숙박·자연'이라는 조합을 통해 연간 방문객 400만 명을 끌어들이며 도시 재생에 성공했다. 단순한 관광지가 아니라, 예술과 생활, 휴식과 자연을 결합한 체류형 관광 모델을 만든 것이다. 이 사례는 영주에도 그대로 적용할 수 있다.

영주는 원도심의 역사적 공간과 소백산의 자연, 그리고 한옥호텔 같은 감성숙박을 결합할 수 있는 잠재력을 지니고 있다. 원도심은 세카이호텔형 재생을 통해 새로운 문화 공간으로 변모할 수 있고, 소백산은 명상과 치유 프로그램으로 확장될 수 있으며, 한옥호텔은 전통과 현대가 어우러진 특별한 숙박 경험을 제공할 수 있다.

이 세 가지 요소가 하나의 관광 동선으로 연결될 때, 영주는 단순한 당일 방문지가 아니라 체류형 관광 도시로 도약할 수 있다. 결국 영주는 온천마을처럼 도시 전체가 하나의 관광 콘텐츠가 되는 구조를 만들어낼 수 있으며, 이는 지역경제와 공동체를 동시에 살리는 전략적 해법이 될 것이다.

스페인 빌바오의 문화르네상스

구겐하임 미술관은 쇠락한 항구도시를 세계적인 관광도시로 재탄생시킨 대표적 사례다. 단 하나의 문화 시설이 도시 전체의 이미지를 바꾸고, 경제와 관광을 동시에 살려낸 것이다. 영주 역시 이러한 변화를 만들어낼 잠재력을 가지고 있다.

영주는 '선비밸리'와 '디지털 아카이브'를 결합해 자신만의 구겐하임 역할을 수행할 수 있다. 선비정신이라는 고유한 문화적 자산을 현대적으로 확장하고, 이를 디지털 기술과 연결해 세계 연구자와 학생, 관광객이 동시에 찾는 플랫폼으로 발전시킬 수 있다. 선비밸리는 교육과 토론, 리더십을 담아내는 공간이 되고, 디지털 아카이브는 영주의 역사와 유물을 세계와 공유하는 지식의 허브가 된다. 이 두 축이 결합될 때 영주는 단순한 전통 도시가 아니라, 세계 유일의 문화정체성을 가진 미래형 도시로 도약할 수 있다. 즉, "선비밸리 × 디지털 아카이브"는 영주만의 구겐하임이자, 도시를 다시 뛰게 만드는 핵심 전략이 될 것이다.

대만 화렌(花蓮)의 로컬시장 혁신

재래시장은 단순히 물건을 사고파는 공간을 넘어, 안전과 청결, 디자인과 콘텐츠를 결합해 새로운 문화공간으로 재탄생할 수 있다. 실제로 많은 도시들이 전통시장을 완전히 재구성하여 젊은 층을 끌어들이는 데 성공했다. 시장은 더 이상 낡고 불편한 공간이 아니라, 감각적인 디자인과 다양한 체험 콘텐츠가 어우러진 생활문화의 중심지가 된 것이다.

영주의 풍기장과 영주장 역시 이러한 혁신이 가능하다. 전통시장의 정겨움은 그대로 살리면서도, 청결과 안전을 철저히 관리하고,

현대적인 디자인을 접목하며, 지역 특산품과 로컬푸드를 활용한 콘텐츠를 강화한다면 젊은 세대와 관광객 모두가 찾는 공간으로 변모할 수 있다. 특히 체험형 프로그램, 야간시장, 문화 공연 등을 결합하면 시장은 단순한 소비 공간을 넘어 지역경제와 공동체를 활성화하는 핵심 플랫폼이 될 것이다. 영주는 재래시장 혁신을 통해 전통과 현대가 공존하는 새로운 도시 문화를 만들어낼 수 있다.

맺음말

영주는 문화의 도시로 다시 태어난다.

영주가 가진 문화적 자산은 어떤 도시와 비교해도 결코 뒤지지 않는다. 다만 그 자산을 현대적 방식으로 재해석하고 연결하는 데 아직 충분히 나아가지 못했을 뿐이다. 선비정신은 영주의 정체성을 이루는 핵심이며, 소백산과 부석사, 무섬마을은 자연과 역사라는 뿌리를 보여준다. 또한 영주역과 원도심은 도시의 얼굴로서 방문객이 가장 먼저 접하는 상징적 공간이다.

이 모든 요소를 하나로 묶어내는 것이 바로 영주 문화·관광 르네상스의 핵심 목표다. 전통과 자연, 도시와 현대적 콘텐츠가 유기적으로 연결될 때 영주는 단순히 지나가는 도시가 아니라, 살고 싶은 도시, 머무는 도시, 다시 찾고 싶은 도시로 거듭날 수 있다. 이는 영주가 가진 고유한 자산을 미래적 가치로 확장하는 전략이며, 도시 전체를 살아 움직이게 하는 새로운 비전이 될 것이다. 다음 장에서는 에너지·환경 전환과 도시 인프라 재구성 전략을 제시한다.

제5장. 에너지·환경 전환

지속가능한 그린도시 영주

프롤로그

자연이 도시의 미래를 결정한다

나는 공직생활 동안 바다, 기후, 환경, 에너지 분야의 정책을 수없이 다루면서 한 가지 확실한 교훈을 얻었다. 미래의 경쟁력은 단순한 기술이 아니라 지속가능성에 달려 있다는 것이다. 경제는 순환하고 산업은 변하며 정책은 시대에 따라 달라지지만, 환경과 자연은 한 번 훼손되면 다시는 되돌릴 수 없다.

영주는 소백산의 품과 서천의 물길, 영주댐의 수자원, 그리고 숲과 들판이 어우러진 천혜의 자연환경을 가진 도시다. 이 자원은 잘만 활용한다면 영주를 어떠한 도시보다 앞선 '친환경 미래도시'로 성장시킬 수 있는 기반이 된다.

따라서 영주의 미래 전략은 청정에너지, 생태환경, 치유관광, 스마트환경도시라는 네 가지 축으로 확장될 필요가 있다. 청정에너지를 통해 지속가능한 도시 기반을 마련하고, 생태환경을 보존하며, 치유관광으로 사람들에게 휴식과 성찰의 공간을 제공하고, 스마트환경도시로 기술과 자연이 조화를 이루는 모델을 제시해야 한다. 이러한 전략은 영주를 단순한 전통 도시가 아니라, 미래형 친환경 도시로 도약하게 만드는 핵심 비전이 될 것이다.

청정에너지 기반 구축

영주가 선택해야 할 미래 산업

지금이 바로 '청정에너지 도시'를 준비해야 할 시점이다. 세계는 이미 탄소중립(Net-Zero)과 ESG 시대에 들어섰고, 유럽연합은 2035년 내연기관차 신규 판매 중단을 확정했다.

미국은 수소·태양광·풍력 분야에 매년 500억 달러 이상을 투자하고 있으며, 일본과 중국도 수소도시를 확대하고 있다. 심지어 사우디와 UAE 같은 자원 부국조차 재생에너지 도시 건설에 나서고 있다. 한국 역시 RE100, 수소경제 로드맵, 탄소중립 2050 계획을 이미 실행 중이다.

이러한 변화는 도시마다 기회와 위기를 동시에 가져온다. 기존 산업 구조에 안주하는 도시는 뒤처질 수밖에 없지만, 새로운 에너지 전환을 선도하는 도시는 미래 경쟁력을 확보할 수 있다. 영주는 소백산과 서천, 영주댐 등 천혜의 자연환경과 수자원, 그리고 산업적 기반을 갖춘 도시다. 이러한 조건은 청정에너지와 수소전환을 선도할 수 있는 잠재력을 충분히 제공한다.

따라서 영주는 지금부터 청정에너지 도시 전략을 본격적으로 추진해야 한다. 이는 단순한 환경 정책이 아니라, 도시의 미래 경제와 정체성을 결정짓는 핵심 과제이며, 영주를 지속가능한 미래 도시로 도약하게 만드는 중요한 기회가 될 것이다.

영주의 수소·전기 기반 전략

미래 에너지 도시

수소전기 발전소의 안정적 운영

영주는 산지형 입지와 넓은 부지, 그리고 기후조건 덕분에 수소·전기 발전소 운영의 최적지로 평가된다. 특히 수소 발전은 공해가 없고 소음이 적으며, 태양광·풍력 등 신재생에너지와 결합이 가능하다는 장점을 지닌다. 그러나 에너지 시설에 대한 주민들의 우려가 존재하는 만큼, 이를 해소하고 신뢰를 확보하기 위한 원칙이 반드시 필요하다.

첫째, 안전 최우선의 원칙을 세워 국제기준인 IEC와 ISO를 철

친환경 수소 에너지

저히 적용해야 한다. 둘째, 정보 투명성을 확보하기 위해 공청회를 정례화하고 모니터링 결과를 상시 공개하여 주민들이 직접 확인할 수 있도록 해야 한다. 셋째, 지역 상생을 실현하기 위해 전기요금 절감 혜택과 에너지 포인트 제도를 도입해 주민들이 체감할 수 있는 이익을 제공해야 한다. 마지막으로, 도시 이미지 제고를 위해 '청정에너지 시티'라는 브랜드를 구축하여 영주를 지속가능성과 친환경의 상징 도시로 만들어야 한다.

이러한 원칙이 지켜질 때, 영주는 주민과 함께 신뢰를 바탕으로 청정에너지 도시로 도약할 수 있으며, 미래 경쟁력을 갖춘 지속가능한 도시 모델을 제시할 수 있다.

그린 에너지 클러스터 조성

영주는 청정에너지 도시로 도약할 수 있는 다양한 구성 요소를 갖추고 있다. 우선 수소 모빌리티 충전 인프라를 구축하여 미래 교통체계의 기반을 마련하고, 그린수소와 블루수소 전환 연구를 통해 지속가능한 에너지 전환을 선도할 수 있다. 또한 시민 참여형 재생에너지 모델을 도입해 태양광과 지열을 활용한 분산형 발전을 확대하고, 전기차 기반 교통망을 재설계함으로써 친환경 교통체계를 완성할 수 있다.

특히 영주는 면적 대비 산지가 많아 태양광 발전 효율에 유리한 지역이 적지 않다는 강점을 지닌다. 이러한 조건을 활용해 수소와 전기를 결합한 '하이브리드 에너지 도시' 모델을 추진한다면, 영주는 단순한 에너지 생산지를 넘어 미래형 친환경 도시로 자리매김할 수 있다. 이는 에너지 자립과 환경 보존, 시민 참여가 결합된 새로운 도시 전략으로서 영주의 지속가능한 성장을 이끌어가는 핵심 비전이 될 것이다.

해외 사례 일본 후쿠시마 '수소타운' 프로젝트

후쿠시마현은 원전 사고라는 깊은 상처를 겪은 뒤, 세계 최대 규모의 그린수소 생산시설을 구축하며 미래 에너지 도시로 재탄생했다. 태양광과 풍력을 활용해 수전해 과정을 거쳐 수소를 생산하고, 이를 기반으로 수소전기 버스를 운영하며 지역의 건물과 학교에 에너지를 공급하는 모델을 만들어낸 것이다. 과거의 아픔을 지속가능한 에너지로 치유한 대표적 사례라 할 수 있다.

영주 역시 이러한 모델을 설계할 수 있는 조건을 갖추고 있다. 영주댐의 수자원, 산지 환경에서의 재생에너지 잠재력, 그리고 기존 전력망을 결합한다면 수소와 전기를 동시에 활용하는 청정에너지 도시로 발전할 수 있다. 이는 단순한 에너지 전환을 넘어, 영주를 친환경 미래도시로 도약시키는 전략적 비전이 될 것이다.

과거의 자원을 미래의 에너지로 전환하는 과정에서 영주는 지속가능성과 지역 상생을 동시에 실현할 수 있으며, 후쿠시마의 사례처럼 도시 전체가 새로운 희망을 품게 될 것이다.

영주댐 친수·생태 복합 지구

자연의 잠재력을 깨우다

영주댐은 영주가 가진 가장 큰 자연적 인프라로서 단순한 '물 공급' 기능을 넘어선 가치를 지니고 있다. 댐은 안정적인 수자원 확보를 통해 도시의 생활 기반을 지탱할 뿐 아니라, 그 자체가 생태 환경을 보존하고 다양한 문화적 활용을 가능하게 한다.

수변 공간은 생태학습장과 자연 체험의 장으로 활용될 수 있으며, 수상 스포츠와 레저 활동을 통해 시민과 관광객에게 활력을 제공한다. 또한 댐 주변은 관광 자원으로서 매력적인 경관을 형성하고, 교육 프로그램과 연구 활동의 현장으로도 활용될 수 있다.

결국 영주댐은 단순한 시설이 아니라, 생태·문화·스포츠·관광·교육을 아우르는 복합적 자산이다. 이를 전략적으로 활용한다면 영주는 지속가능성과 지역경제, 그리고 도시 브랜드를 동시에 강화할 수 있는 미래형 도시로 도약할 수 있다.

친수공간 조성 영주 미래의 허브

영주댐을 중심으로 한 수변 공간은 단순한 수자원 관리 시설을 넘어 도시의 휴식과 문화 중심지로 발전할 수 있다. 이를 위해 수변공원을 확대하고, 산책길과 자전거길, 포토존을 조성하여 시민과 관광객이 자연 속에서 여유를 즐길 수 있도록 한다.

카누와 수상레저 시설은 활력을 더하고, 생태관찰 데크는 교육과 체험의 장으로 활용될 수 있다. 또한 야외 공연장과 야간 조명

영주댐

은 문화와 예술을 결합해 새로운 야간 관광 콘텐츠를 제공하며, 수변 복합문화센터는 지역 커뮤니티와 관광객을 연결하는 거점 역할을 한다.

이러한 시설들은 소백산과 서천의 자연 자원과 유기적으로 연결되어, 영주 전체가 하나의 문화·관광 네트워크로 확장된다. 결국 영주댐 수변 공간은 도시의 휴식과 문화 중심지로 자리매김하며, 영주를 체류형 관광도시로 도약시키는 핵심 기반이 될 것이다.

영주댐 생태교육·연구 거점화

영주는 교육도시로 성장할 수 있는 잠재력을 충분히 지니고 있다. 생태R&D센터를 설립하여 지역의 자연 자원을 연구하고, 하천과 댐을 중심으로 생태 데이터베이스를 구축함으로써 과학적 기

영주댐 용마루공원

반을 마련할 수 있다.

또한 초·중·고·대학생을 대상으로 한 환경교육 프로그램을 운영하면 미래 세대가 지속가능성과 생태 보존의 가치를 체득할 수 있다. 더 나아가 국제환경포럼을 개최하여 세계와 교류한다면 영주는 글로벌 환경 교육의 거점으로 자리매김할 수 있다.

특히 영주댐, 서천, 소백산은 각각 수자원, 하천 생태, 산림 생태를 대표하는 자원으로서 '삼중 생태 교육 축'을 형성한다. 이 세 가지 축을 연결하면 영주는 자연과 교육, 연구와 관광이 결합된 독창적인 교육도시 모델을 만들어낼 수 있다.

결국 영주는 생태와 환경을 중심으로 한 교육도시로 도약하며, 지속가능한 미래를 준비하는 선도적 도시로 성장할 수 있다.

해외 사례 독일 프라이부르크 '생태도시'

프라이부르크는 태양광 에너지, 친수공간, 그리고 보행 중심의 도시구조를 결합하여 유럽 최고의 생태도시로 불리고 있다. 이 도시는 환경과 생활을 조화롭게 연결함으로써 지속가능성과 삶의 질을 동시에 높인 대표적 사례다.

영주 역시 이러한 모델을 한국형으로 구현할 수 있는 잠재력을 지니고 있다. 영주댐은 풍부한 수자원과 수변 공간을 제공하고, 서천은 생태와 문화가 어우러진 친수공간으로 확장될 수 있으며, 도시숲은 시민들에게 건강과 휴식을 제공하는 녹색 인프라가 된다. 이 세 가지 요소를 유기적으로 결합한다면 영주는 자연과 도시가 공존하는 한국형 "생태도시 모델"을 만들어낼 수 있다.

결국 영주는 단순한 관광도시를 넘어, 환경과 삶의 질을 동시에 선도하는 지속가능한 미래도시로 도약할 수 있으며, 이는 한국형 생태도시의 새로운 기준이 될 것이다.

산림·해양 치유 연계

영주의 자연을 건강산업으로

나는 공직자로서 울진 해양치유센터 건립을 직접 이끌었던 경험을 통해 치유와 건강 산업의 잠재력을 누구보다 깊이 이해하고 있다. 지금 아시아는 '웰니스 관광' 시장이 폭발적으로 성장하는 시기이며, 이는 도시와 지역이 새로운 성장 동력을 확보할 수 있는 중요한 기회가 되고 있다.

영주는 이러한 흐름 속에서 독자적인 치유 패키지를 만들 수 있는 조건을 갖추고 있다. 소백산 치유센터는 숲과 자연을 통한 심신 회복의 공간이 되고, 풍기온천은 온천을 통한 휴식과 건강 증진을 제공한다. 울진 해양치유는 바다와 연계된 치유 자원으로 확장될 수 있으며, 영주댐 친수공간은 수변 레저와 생태 체험을 결합한 치유형 관광지로 발전할 수 있다. 또한 서천 생태는 자연과 인문을 함께 경험하는 치유 산책길로 자리매김할 수 있다.

이 모든 요소를 하나의 패키지로 묶어낸다면, 영주는 단순한 관광지가 아니라 치유와 건강을 중심으로 한 웰니스 도시로 도약할 수 있다. 이는 지역경제 활성화와 도시 브랜드 제고를 동시에 이루는 전략적 비전이 될 것이다.

'산·강·바다 치유 벨트' 구축

영주는 치유와 웰니스 관광을 결합할 수 있는 다양한 자원을 보유하고 있다. 소백산의 숲치유와 명상 프로그램은 자연 속에서 심신을 회복할 수 있는 공간을 제공하고, 서천의 수(水)치유는 물길을 따라 걷고 체험하는 독창적인 치유 콘텐츠로 확장될 수 있다.

영주댐은 수변 치유공간으로서 레저와 휴식을 결합한 복합적 치유 자원이 되고, 울진 해양치유는 바다와 연계된 건강 회복의 장으로 연결된다. 풍기온천 스파는 온천을 통한 휴식과 재충전의 기회를 제공하며, 선비 사색 프로그램은 정신적 치유와 인문적 성찰을 가능하게 한다. 이러한 구성은 다양한 기대효과를 만들어낸

영주국립산림치유원 전경

다. 고령층을 위한 치유 관광은 건강과 삶의 질을 높이고, 여성과 청년층을 위한 웰니스 관광은 새로운 라이프스타일을 제안한다.

또한 의료관광과 연계하면 전문성과 신뢰성을 확보할 수 있으며, 장기 체류 관광객의 증가로 지역경제 활성화와 도시 브랜드 제고가 동시에 이루어진다. 결국 영주는 치유와 웰니스가 결합된 종합 관광도시로 도약할 수 있는 잠재력을 갖추고 있다.

치유 산업과 농업의 결합

영주는 농업과 치유산업을 결합해 새로운 성장 모델을 만들 수 있다. 치유 농장(Healing Farm)은 단순한 생산 공간을 넘어 건강과 휴식을 제공하는 복합 공간으로 발전할 수 있으며, 이를 기반으로 지역 특산물을 활용한 건강식품 브랜드를 구축하면 부가가치가 크게 높아진다.

영주사과

사과, 인삼, 부석태 같은 영주의 대표 농산물을 활용한 영양식은 지역성을 담은 웰빙 콘텐츠가 되고, 원예치유와 동물매개치유 프로그램은 도시민과 관광객에게 심리적 안정과 치유 경험을 제공한다.

이처럼 농업과 치유산업이 연결되면 생산·가공·체험·관광이 하나로 이어지는 6차 산업 구조가 자연스럽게 완성된다.

영주는 농업의 전통과 치유의 미래를 결합해 새로운 경제 모델을 제시할 수 있으며, 이는 지역경제 활성화와 도시 브랜드 제고를 동시에 이루는 전략적 비전이 될 것이다.

지속가능한 환경도시

생태·안전·스마트 환경관리

영주는 '자연 도시'라는 고유한 장점을 지니고 있다. 소백산과 서천, 영주댐을 비롯한 천혜의 자연환경은 도시의 정체성을 규정하는 핵심 자산이다. 그러나 오늘날 기후위기와 도시환경 변화는 단순한 자연적 장점만으로는 대응하기 어렵다. 폭염과 집중호우, 미세먼지와 같은 환경 문제는 도시의 안전과 삶의 질을 위협하고 있으며, 지속가능한 도시 시스템 구축이 필수적이다.

따라서 영주는 자연 자원을 기반으로 하되, 이를 현대적 방식으로 관리하고 확장하는 시스템을 강화해야 한다. 기후위기에 대응하는 스마트 환경 관리, 재생에너지 활용, 친환경 교통망, 도시숲 확대와 같은 전략이 필요하다.

이러한 시스템이 구축될 때 영주는 자연 도시의 장점을 유지하면서도 미래형 친환경 도시로 도약할 수 있으며, 지속가능성과 삶의 질을 동시에 확보하는 모범적 모델이 될 수 있다.

기후·환경 모니터링 센서화

미세먼지, 수질, 소음과 같은 생활환경 데이터뿐 아니라 하천 수위와 댐 방류량, 산불 위험도와 기상센서 정보까지 모두 하나의 체계로 수집·분석한다면 도시 관리의 수준은 획기적으로 달라질 수 있다. 이러한 데이터를 AI 기반 도시관리 시스템과 연결하면, 환경 변화와 위험 요소를 실시간으로 감지하고 예측할 수 있으며,

시민 안전과 삶의 질을 동시에 높일 수 있다.

예를 들어 미세먼지 농도가 높아지면 즉각적인 대응 지침을 제공하고, 하천 수위와 댐 방류량을 자동 모니터링하여 홍수 위험을 사전에 경고할 수 있다. 산불 위험도와 기상센서 데이터는 재난 예방과 신속한 대응을 가능하게 하며, 소음과 수질 관리 역시 생활환경 개선으로 이어진다.

결국 이러한 AI 기반 시스템은 영주를 스마트하고 안전한 도시로 발전시키는 핵심 인프라가 되며, 지속가능성과 시민 만족도를 동시에 실현하는 미래형 도시 모델을 완성하게 된다.

녹색교통도시

영주는 교통 체계와 도시 구조를 친환경적으로 재편함으로써 미래형 도시로 도약할 수 있다. 우선 전기버스와 수소버스를 적극 보급하여 대중교통을 청정에너지 기반으로 전환하고, 자전거와 보행 중심의 도로를 확충해 시민들이 안전하고 쾌적하게 이동할 수 있는 환경을 만든다.

또한 한옥거리와 원도심에는 차 없는 거리를 조성해 전통과 현대가 어우러진 문화 공간으로 재탄생시키고, 배출가스 없는 '그린존'을 도입하여 도시 전체를 친환경 생활권으로 확장할 수 있다.

이러한 변화는 단순한 교통 정책을 넘어 도시의 이미지와 생활방식을 바꾸는 전략이다. 영주는 청정 교통과 전통 문화, 그리고 지속가능성을 결합한 새로운 도시 모델을 통해 살고 싶은 도시, 머무는 도시, 다시 찾고 싶은 도시로 거듭날 수 있다.

폐기물·재활용 혁신

해양수산부에서 세계 최초로 도입한 어구보증금제처럼, 영주도 재활용을 구조적으로 관리하는 시스템을 구축할 수 있다. 단순히 분리배출을 권장하는 수준을 넘어, 음식물과 플라스틱 분리를 강화하여 생활 속에서 실질적인 재활용 효과를 높이고, 보증금·포인트제를 도입해 시민들이 참여할수록 혜택을 체감할 수 있도록 설계한다. 또한 공공재활용센터를 운영하여 투명한 처리 과정을 보여주고, 기업과 시민이 함께 참여하는 제도를 마련하면 지역 전체가 재활용 문화에 동참하게 된다. 이러한 구조적 관리가 정착되면 영주는 재활용을 단순한 의무가 아니라 도시의 새로운 생활문화로 승화시킬 수 있다. 이는 환경 보호와 자원 순환을 실현하는 동시에, 지속가능한 도시 브랜드를 강화하는 중요한 전략이 될 것이다.

해외 모델이 주는 미래 시그널

영주가 참고할 만한 국제사례는 다음 세 도시다.

덴마크 코펜하겐 자전거·친수도시

세계 최고의 친환경 도시로 불리는 코펜하겐은 강과 바다를 단순한 자연 자원이 아니라 시민의 삶을 풍요롭게 하는 친수공간으로 재탄생시켰다. 수변 공간을 공원과 산책로, 문화·레저 시설로 확장하여 시민들이 일상 속에서 자연과 함께 호흡할 수 있도록 했고, 이를 통해 삶의 질을 비약적으로 높였다. 영주 역시 이러한 코펜하겐의 방식을 적용할 수 있는 잠재력을 지니고 있다. 영주댐은 풍부한 수자원과 수변 공간을 제공하고, 서천은 생태와 문화가 어우러진 친수 자원으로 확장될 수 있다. 두 공간을 유기적으로 결합해 수변 공원, 자전거길, 문화·레저 시설을 조성한다면 영주는 한국형 친환경 도시 모델로 도약할 수 있다. 결국 영주댐과 서천을 코펜하겐 방식으로 재편한다면, 영주는 자연과 도시가 조화를 이루는 지속가능한 도시로 발전하며, 시민의 삶의 질을 획기적으로 향상시키는 미래형 생태도시로 자리매김할 수 있다.

캐나다 밴쿠버 '그린시티 2020'

탄소제로 계획과 대중교통 혁신은 단순한 환경 정책을 넘어 도시의 미래를 결정짓는 핵심 전략이다. 숲과 공원, 도심을 하나의 생태벨트로 연결하는 방식은 자연과 도시가 공존하는 새로운 생활 구조를 만들어내며, 시민들에게 건강하고 지속가능한 삶을 제공한다.

영주 역시 이러한 모델을 적용할 수 있다. 소백산을 중심으로 한 산림 자원, 도심 속 공원과 생활 공간, 그리고 영주댐의 수변 환경을 하나의 생태축으로 연결한다면 도시 전체가 거대한 녹색 네트워크로 재편될 수 있다. 이는 탄소 배출을 줄이고, 친환경 교통망과 결합하여 도시의 지속가능성을 강화하는 동시에, 시민들에게 자연 속에서 살아가는 새로운 도시 경험을 제공한다.

결국 영주는 산림·도심·댐을 유기적으로 연결한 생태축을 통해 한국형 탄소제로 도시의 선도적 모델로 도약할 수 있으며, 환경과 삶의 질을 동시에 높이는 미래형 도시로 자리매김할 수 있다.

뉴질랜드 퀸스타운 자연 기반 관광의 절정

호수와 산악, 숲을 치유관광과 다양한 액티비티로 결합한 도시는 전 세계 관광객이 반드시 방문하고 싶은 '버킷리스트 도시'로 자리매김했다. 자연 자원을 단순히 감상하는 차원을 넘어, 치유와 체험, 레저와 교육을 아우르는 복합적 관광 모델을 구축했기 때문이다.

영주 역시 이러한 성공 사례를 한국형으로 구현할 수 있는 잠재력을 충분히 지니고 있다. 소백산은 숲치유와 명상, 생태체험의 중심지가 될 수 있고, 영주댐은 수변 레저와 친수공간을 통한 치유관광 자원으로 확장될 수 있다. 서천은 생태와 문화가 어우러진 치유 산책길로 발전할 수 있으며, 이 세 가지 자원을 유기적으로 연결하면 영주는 자연과 치유, 관광이 결합된 독창적인 허브 도시로 도약할 수 있다.

결국 영주는 소백산·영주댐·서천을 기반으로 한국형 치유관광 허브를 구축하여, 국내외 관광객이 찾고 싶은 치유와 웰니스의 중심지로 성장할 수 있다. 이는 도시 브랜드를 강화하고 지역경제를 활성화하는 동시에, 영주를 세계적 치유관광 도시로 도약시키는 전략적 비전이 될 것이다.

맺음말

자연과 도시가 함께 숨 쉬는 영주

영주는 대한민국 그 어느 도시보다 환경·에너지·자연자원을 풍부하게 보유한 도시다. 소백산의 숲과 생태, 서천의 물길과 문화, 영주댐의 수자원과 수변 공간, 풍기온천의 치유 자원, 그리고 농업 기반과 산림자원은 영주를 단순한 '농업도시'에서 '자연기반 미래도시'로 확장시킬 수 있는 놀라운 잠재력이다.

이러한 자산을 토대로 추진되는 환경·에너지 전환은 단순한 친환경 정책에 머무르지 않는다. 도시경제 구조를 새롭게 재편하고, 관광 산업을 고도화하며, 지역 산업을 친환경적으로 전환하는 동시에 시민들의 삶의 질을 획기적으로 향상시키는 미래 전략의 핵심이 된다.

영주는 자연을 기반으로 한 지속가능한 도시 모델을 통해 대한민국을 대표하는 친환경·에너지 선도 도시로 도약할 수 있으며, 이는 곧 지역의 정체성과 경쟁력을 동시에 강화하는 길이 될 것이다.

다음 장에서는 도시의 경쟁력을 좌우하는 청년·인구정책을 본격적으로 다루겠다.

제6장. 청년·인구정책

떠나는 도시에서 머무는 도시로

프롤로그

도시의 미래는 '누가 사느냐'에 달려 있다.

서울과 세종에서 수십 년 동안 국가의 다양한 도시들을 경험하며 깨달은 것은, 도시마다 산업과 예산, 문화가 다르더라도 결국 도시의 미래를 결정짓는 것은 '사람'이라는 사실이다.

산업이 아무리 발전해도 사람이 떠나는 도시에는 기업이 들어오지 않고, 복지가 아무리 좋아도 일자리와 문화, 교육이 부족하다면 청년은 머물지 않는다.

영주는 지금 그 기로에 서 있다. 지난 20년 동안 인구는 2만여 명 줄었고, 특히 청년층의 감소 속도는 더 빨랐다.

결혼율과 출생률, 정주 선호도 역시 전국 평균보다 낮아 도시의 활력이 약화되고 있다. 그러나 나는 믿는다. 영주는 다시 사람이 모이는 도시가 될 수 있다.

영주가 가진 자연과 에너지, 문화와 교육의 자산을 미래 전략으로 연결한다면, 청년이 머물고 가족이 정착하며 기업이 투자하는 도시로 재도약할 수 있다. 이 장에서는 그 길을 구체적으로 제시하며, 영주가 다시 사람 중심의 도시로 성장하는 비전을 보여줄 것이다.

영주의 인구 위기

문제의 본질을 분석하다

청년이 떠나고 있는 이유는 무엇인가?

영주 청년들이 도시에 남기 위해 필요한 조건은 단순하면서도 본질적이다. 바로 일자리(Job), 주거(Home), 문화·커뮤니티(Life)라는 세 가지 요소다. 안정적인 일자리가 있어야 미래를 설계할 수 있고, 합리적인 비용과 쾌적한 환경의 주거 공간이 마련되어야 생활의 기반이 유지된다.

또한 문화와 커뮤니티가 존재해야 청년들이 서로 연결되고, 삶의 즐거움과 정체성을 느낄 수 있다. 이 중 어느 하나라도 부족하면 청년은 도시를 떠날 수밖에 없다. 일자리가 없으면 생계를 위해 다른 도시로 이동하고, 주거가 불안정하면 정착을 포기하며, 문화와 커뮤니티가 부재하면 삶의 만족도를 찾기 어렵다.

따라서 영주가 청년 정주 도시로 도약하기 위해서는 이 세 가지 조건을 균형 있게 충족시키는 전략이 필요하다. 그렇게 될 때 영주는 청년이 머물고, 성장하며, 미래를 함께 만들어가는 도시로 다시 태어날 수 있다.

영주의 청년·인구 구조

2024년 기준 영주의 인구 구조를 보면 65세 이상 고령층이 약 31.9%에 달하고, 20~39세 청년층은 약 17.5%에 불과하다. 출생아

저출산 고령화 사회

수 역시 330명 수준으로 매우 낮아, 인구 재생산 구조가 약화되고 있음을 보여준다.

이러한 현실은 영주가 '초고령 도시'로 고착화되는 흐름 속에서 학령인구 감소로 이어지고, 이는 곧 산업 인력 부족을 초래한다. 결국 기업 유치와 지역 경제 활성화가 어려워지고, 도시의 매력은 점차 하락하는 다중적인 악순환 고리에 갇히게 된다.

이 악순환을 끊어내기 위해서는 단순한 인구 정책을 넘어 청년층의 정주 조건을 강화하고, 고령층을 위한 치유·복지 자원을 도시 경쟁력으로 전환하는 전략이 필요하다. 영주가 가진 자연·문화·산업 자산을 미래형 도시 모델로 재편할 때, 인구 구조의 불균형을 극복하고 다시 활력을 되찾을 수 있을 것이다.

읍·면 지역의 급속한 공동체 약화

단산·이산·평은·장수면 등 영주의 농촌지역은 공동체가 빠르게 약화되고 있다. 빈집이 늘어나고, 마을회관은 노후화되며, 초등학교는 통폐합되고, 지역 상권은 점차 사라지고 있다. 이러한 변화는 단순히 농촌의 문제에 그치지 않고 도시 전체의 미래와 직결된다.

영주는 농업도시이자 농촌도시라는 정체성을 가지고 있기 때문에 농촌이 무너지면 도시 전체가 흔들릴 수밖에 없다. 농촌은 영주의 산업 기반이자 문화적 뿌리이며, 도시와 농촌은 상호 의존적 관계를 맺고 있다. 따라서 농촌 공동체의 회복과 재생은 영주의 지속가능한 발전을 위한 핵심 과제이며, 이를 통해 도시 전체가 다시 활력을 되찾을 수 있다.

청년이 선택하는 도시의 조건

"살 만해야 살고, 일할 만해야 일한다"

청년들의 실제 요구는 무엇인가?

공직 시절, 여러 지역의 청년 대표들과 토론을 나누며 들었던 가장 공통된 목소리는 다섯 가지로 정리될 수 있다.

첫째, 안정적인 일자리와 미래를 설계할 수 있는 기회가 필요하다는 점이었다. 둘째, 합리적인 비용과 쾌적한 환경의 주거 공간이 마련되어야 한다는 요구였다. 셋째, 청년들이 서로 연결되고 성장할 수 있는 문화와 커뮤니티가 있어야 한다는 의견이 많았다. 넷째, 교육과 자기계발의 기회가 지속적으로 제공되어야 한다는 바람이 있었고, 마지막으로 다섯째는 도시가 청년을 존중하고 그들의 목소리를 정책에 반영하는 구조가 필요하다는 것이었다.

이 다섯 가지 조건이 충족된다면 청년은 도시를 떠나지 않는다. 오히려 그 도시를 자신의 삶의 터전으로 선택하고, 미래를 함께 만들어가는 주체로 자리매김한다. 영주가 청년 친화 도시로 도약하기 위해서는 바로 이 다섯 가지를 균형 있게 채워나가는 전략이 필요하다.

〈표 6-1. 청년 요구 TOP 5〉

순번	요구	설명
1	"일자리가 있어야 합니다."	안정·성장 가능한 직업
2	"살기 괜찮아야 해요."	주거·교통·병원·문화
3	"혼자라도 외롭지 않아야 해요."	커뮤니티·동호회·카페
4	"도시의 미래가 보여야 해요."	비전·교육·환경
5	"내가 여기에 기여하고 싶어요."	참여·역할·자긍심

영주는 어떤 도시가 되어야 하는가?

영주는 자연환경과 문화자산, 안전성, 그리고 적당한 규모라는 도시의 기본적 장점을 이미 갖추고 있다. 이러한 기반 위에 청년들이 원하는 요소를 결합한다면, 영주는 청년이 머물고 선택하는 도시로 도약할 수 있다.

우선 산업 혁신을 통해 안정적이고 미래지향적인 일자리를 제공해야 하며, 원도심 재생과 신규 주거 공간 개선을 동시에 추진하여 주거의 질을 높여야 한다. 또한 선비 문화와 현대적 감각의 카페, 공방을 결합한 문화적 공간을 확장하면 청년들이 삶의 즐거움과 정체성을 찾을 수 있다. 마지막으로 청년센터와 같은 커뮤니티 거점을 마련해 청년들이 서로 연결되고 성장할 수 있는 기반을 제공해야 한다.

이 모든 요소가 유기적으로 결합될 때, 영주는 단순히 살기 좋은 도시를 넘어 청년이 선택하고 정착하는 도시로 변모하게 된다. 이는 곧 도시의 활력을 회복하고 미래 경쟁력을 강화하는 핵심 전략이 될 것이다.

영주형 청년·인구정책 패키지

"떠나는 도시에서 머무는 도시로"

나는 영주가 청년을 되돌리기 위해서는 단순한 형식적 지원이나 일회성 정책으로는 충분하지 않다고 생각한다. 청년들이 머물고 싶은 도시가 되기 위해서는 도시 전체를 청년 친화적으로 재설계해야 한다. 일자리, 주거, 문화, 커뮤니티가 유기적으로 연결된 구조를 만들어야 하며, 이를 통해 청년들이 삶의 기반과 미래의 가능성을 동시에 찾을 수 있도록 해야 한다.

여기에서 제안하는 정책은 단순히 이상적인 구호가 아니라, 이미 중앙정부와 지방정부에서 성공적으로 추진된 사례들을 바탕으로 영주에 맞게 설계한 것이다.

즉, 다른 도시의 경험을 참고하되 영주의 자연환경, 산업 구조, 문화적 자산에 맞춰 최적화한 정책이다. 이러한 맞춤형 접근은 청년들이 실제로 체감할 수 있는 변화를 만들어내고, 영주를 청년이 선택하는 도시로 다시 세울 수 있는 구체적인 길을 제시한다.

일자리 중심 전략 "청년이 일할 곳을 만든다"

영주가 청년을 되돌리고 미래 인구 기반을 회복하기 위해서는 청년 친화적 전략이 필요하다. 첫째, 산단-도심 청년 기술인력 양성학교를 설립하여 베어링·정밀부품·신소재 분야의 전문 인력을 실습 중심으로 양성한다.

교육 과정의 70%를 현장 실습으로 구성하고, 취업 연계 100%를

창업청년

목표로 하며 기숙사와 장학금을 제공한다면 청년들이 안정적으로 정착할 수 있다. 이는 일본 도야마의 지역 정주 성공 사례와 동일한 구조로, 영주에서도 충분히 실현 가능한 모델이다.

둘째, 영주형 로컬 창업 생태계를 구축한다. 카페, 베이커리, 공방, 디자인 스튜디오 등 청년 창업 아이템을 원도심의 빈 상가와 연결하여 창업 공간으로 활용하고, 청년 예술가와 작가를 위한 레지던시 프로그램을 운영한다. 문화와 창업을 결합해 지역경제를 활성화하는 방식은 청년들에게 매력적인 기회를 제공할 것이다.

셋째, 농업·식품·관광을 융합한 청년 창업 모델을 추진한다. 농식품 제조와 패키지 디자인, 로컬푸드 카페, 파머스 마켓을 통해 농민과 청년이 협업하고, 사과·인삼·생강을 활용한 신제품 개발로 지역 특산물을 세계적 브랜드로 성장시킬 수 있다. 영주는 농업과 관광, 식품 산업이 동시에 결합할 수 있는 최적지이기에 이러한 창업 모델은 도시의 새로운 성장 동력이 될 것이다.

이 세 가지 전략이 유기적으로 결합될 때, 영주는 청년이 머물고 창업하며 성장하는 도시로 변모할 수 있으며, 나아가 한국형 청년 정주 성공 사례를 만들어낼 수 있다.

주거 전략 "도시가 살아야 청년이 산다"

영주가 청년과 신혼부부, 산업 인력을 유치하기 위해서는 주거 혁신 전략이 필수적이다. 첫째, 청년 주거혁신으로 공유주택과 모듈러 하우징을 도입한다. 영주동과 하망동의 빈집을 리모델링하여 공동 주방, 라운지, 워크룸을 갖춘 결합형 공간으로 재탄생시키고,

1인·2인 청년 가구에 맞춤형으로 제공한다면 청년들이 안정적으로 정착할 수 있는 기반을 마련할 수 있다.

둘째, 신혼부부와 청년 가족을 위한 주거 패키지를 추진한다. 영주형 행복주택과 공공 전세형 주택을 공급하고, 어린이집과 방과후 프로그램을 연계하여 보육·학습·안전을 통합 지원하는 시스템을 구축한다면 가족 친화적 도시로서의 매력을 강화할 수 있다.

셋째, 베어링 국가산단 인력 유치를 위해 직주근접형 기숙사와 기업형 주거단지를 조성한다. 산업단지와 가까운 주거 공간을 제공함으로써 인력 확보와 정주를 동시에 실현할 수 있으며, 이는 지역 산업 경쟁력 강화로 이어진다.

이 세 가지 전략이 결합될 때 영주는 청년과 가족, 산업 인력이 함께 머무는 도시로 변모하며, 인구 감소의 악순환을 끊고 미래형 정주 도시로 도약할 수 있다.

문화·커뮤니티 전략 "청년이 외롭지 않은 도시"

영주가 청년 친화 도시로 도약하기 위해서는 생활과 문화, 정체성을 아우르는 공간 전략이 필요하다. 첫째, 영주 청년 커뮤니티 타운을 조성하여 코워킹 스페이스, 스터디·세미나실, 카페·라운지 등 다양한 기능을 결합하고, 동아리와 청년문화 프로그램을 운영함으로써 청년들이 함께 배우고 성장하며 교류할 수 있는 거점을 마련한다.

둘째, 원도심 콘텐츠를 확장하여 공방 거리와 라이브 음악, 스트리트 공연을 활성화하고, 야간 조명과 옥상 카페, 로컬 브랜드

숍을 도입한다면 도심이 청년과 시민 모두에게 활력 넘치는 문화 공간으로 재탄생할 수 있다. 이는 지역경제를 살리고 도시의 매력을 높이는 중요한 전략이 된다.

셋째, 영주만의 정체성을 살린 사색·명상 공간을 구축한다. 서천 인문산책길, 소백산 명상 숲, 부석사 사색 플랫폼을 통해 자연과 인문, 정신적 치유가 결합된 독창적인 공간을 제공하면 영주는 단순한 생활 도시를 넘어 '사색과 치유의 도시'로 자리매김할 수 있다.

이 세 가지 전략이 유기적으로 결합될 때, 영주는 청년이 머물고 시민이 즐기며 세계인이 찾는 도시로 성장할 수 있다.

교육·육아 전략 "아이 키우기 좋은 도시"

영주가 미래 세대를 위한 도시로 도약하기 위해서는 보육과 교육, 육아 인프라를 아우르는 종합 전략이 필요하다.

첫째, 공공보육을 확장하여 국공립 어린이집을 늘리고, 시간제·긴급 보육 서비스를 강화하며 돌봄 교실을 확대한다면 부모들의 양육 부담을 줄이고 아이들이 안정적으로 성장할 수 있는 환경을 마련할 수 있다. 둘째, 학령기에 맞춘 맞춤형 교육을 제공한다. 독서와 토론, AI교육을 특화하고, 영주의 정체성을 살린 선비리더십 프로그램을 운영하며, 지역대학과 초·중·고를 연계한 교육 체계를 구축한다면 아이들이 미래형 인재로 성장할 수 있는 기반을 갖추게 된다. 셋째, 육아 인프라를 강화한다. 엄마·아빠 커뮤니티를 활성화하고 부모교육을 지원하며, 어린이 공원과 안전시설을 확충함으로써 가족 친화적 도시로서의 매력을 높일 수 있다.

아이들이 행복한 영주

이 세 가지 전략이 결합될 때 영주는 아이와 부모 모두가 안심하고 살아갈 수 있는 도시로 변모하며, 청년 가족이 정착하고 미래 인구 기반을 회복하는 선순환 구조를 만들어낼 수 있다.

해외 사례

도시가 청년을 되돌리는 법

일본 도야마시 'U턴 성공 도시'

고령화와 인구감소를 극복하기 위해서는 단순한 지원책을 넘어 도시 구조 자체를 혁신해야 한다. 직업학교와 주거, 교통을 하나의 시스템으로 결합하는 방식은 청년들에게 안정적인 삶의 기반을 제공하며, 실제로 청년 U턴율을 전국 최고 수준으로 끌어올린 성공 사례로 이어지고 있다.

영주 역시 이러한 모델을 적용할 수 있다. 기술인력 양성학교를 중심으로 산업단지와 연계된 교육·취업 시스템을 구축하고, 청년 맞춤형 주거 공간과 직주근접형 교통망을 함께 제공한다면 청년들이 다시 돌아와 정착할 수 있는 환경이 마련된다.

이는 단순히 인구 감소를 막는 차원을 넘어, 지역 산업 경쟁력을 강화하고 도시의 활력을 회복하는 가장 효과적인 전략이다.

결국 영주는 기술인력 양성 모델을 통해 청년이 돌아오는 도시, 미래를 준비하는 도시로 도약할 수 있다.

캐나다 뉴브런즈윅 이민·청년 정착 성공

청년층 부족 문제를 해결하기 위해서는 단순한 지원을 넘어 대규모 정착 프로그램을 도입해야 한다. 주거·일자리·교육을 하나의 패키지로 제공하는 방식은 청년들이 안정적으로 삶을 설계할 수 있는 기반을 마련해주며, 실제로 이러한 전략을 추진한 도시들은 10년 만에 규모가 두 배로 성장하는 성과를 거두었다.

영주 역시 이러한 모델을 적용할 수 있다. 청년 맞춤형 주거 공간을 확충하고, 지역 산업과 연계된 일자리를 제공하며, 교육과 자기계발 기회를 함께 지원한다면 외부 청년들이 영주를 새로운 정착지로 선택할 수 있다. 이는 단순히 인구 유입을 넘어 도시의 활력을 회복하고, 산업과 문화, 공동체를 동시에 성장시키는 전략적 해법이 될 것이다. 결국 영주는 외부 청년 유입 전략을 통해 인구 감소의 악순환을 끊고, 미래형 청년 친화 도시로 도약할 수 있는 가능성을 충분히 가지고 있다.

독일 프라이부르크 교통 + 주거 + 문화 통합

청년들이 가장 선호하는 도시 1위 사례를 보면, 자전거 중심의 교통체계와 활발한 학생 문화, 그리고 청년 친화 정책이 결합되어 있다. 이러한 요소들은 청년들에게 자유로운 이동, 풍부한 문화적 경험, 안정적인 생활 기반을 동시에 제공하며, 도시를 매력적인 정주 공간으로 만든다. 영주가 추진하는 원도심 재생 방향 역시 이와 유사하다. 자전거와 친환경 교통망을 도입하고, 원도심에 학생과 청년이 어울릴 수 있는 문화 공간을 확장하며, 청년 친화적 정책을 결합한다면 영주는 청년이 머물고 싶은 도시로 변모할 수 있다. 결국 원도심 재생은 단순한 공간 개선을 넘어, 청년이 선택하는 도시로 도약하는 핵심 전략이 될 것이다.

읍·면 맞춤형 인구정책

"농촌이 살아야 도시가 산다"

귀농·귀촌 2.0 패키지

영주가 청년과 새로운 인구를 유치하기 위해서는 농촌 정착을 지원하는 종합 프로그램이 필요하다. 우선 주거 컨설팅을 통해 청

청년 귀농

년과 귀농·귀촌 희망자에게 맞춤형 주거 방안을 제시하고, 안정적인 생활 기반을 마련한다. 동시에 임대농지를 제공하여 초기 농업활동을 시작할 수 있도록 지원하고, 농업기술 교육을 통해 실제현장에서 활용 가능한 전문성을 키워준다.

또한 초기 정착금을 지원하여 생활비와 창업 자금을 보완하고, 농촌 커뮤니티와 연결해 지역 주민들과 함께 어울리며 공동체의 일원으로 자리잡을 수 있도록 돕는다.

이러한 체계적인 지원은 단순한 귀농·귀촌을 넘어, 청년과 가족이 농촌에서 안정적으로 정착하고 미래를 설계할 수 있는 기반을 제공한다. 결국 영주는 농업과 공동체를 중심으로 새로운 인구유입과 지역 활력을 동시에 실현하는 도시로 도약할 수 있다.

읍·면형 마을재생

영주의 농촌이 지속가능하게 발전하기 위해서는 생활 기반과 공동체 인프라를 동시에 강화하는 전략이 필요하다. 먼저 마을센터와 작은 도서관을 조성하여 주민들이 모이고 배우며 교류할 수 있는 공간을 마련한다면 공동체의 결속력이 높아질 것이다.

또한 경관을 정비하고 빈집을 활용하여 마을의 환경을 개선하고 새로운 주거와 창업 공간으로 전환하면 농촌의 활력이 되살아난다.

공동창고와 마을 작업장을 구축하여 농업 생산과 생활에 필요한 기반을 제공하면 주민들이 협력하며 경제적 효율성을 높일 수 있다. 더 나아가 농촌형 여행코스를 개발하여 외부 방문객을 유치하고, 지역의 자연과 문화 자산을 관광 자원으로 연결한다면 농촌 경제에 새로운 활력을 불어넣을 수 있다.

이러한 전략은 단순한 시설 확충을 넘어 농촌 공동체의 회복과 지역경제 활성화를 동시에 이루어내며, 영주가 농촌도시로서 미래 경쟁력을 갖추는 중요한 기반이 될 것이다.

고령친화 마을

영주의 농촌 고령화 문제를 해결하기 위해서는 도시복지와 긴밀히 연결된 새로운 접근이 필요하다. 먼저 방문돌봄과 식사배달 서비스를 확대하여 고령층이 일상에서 기본적인 돌봄을 안정적으로 받을 수 있도록 해야 한다.

노인들이 행복한 도시

여기에 건강체크 버스를 운영하여 정기적으로 마을을 순회하며 의료 사각지대를 해소한다면 농촌에서도 도시 수준의 건강 관리가 가능해진다.

또한 치매안심 생활권을 구축하여 고령층이 안전하게 생활할 수 있는 환경을 마련하는 것이 중요하다. 돌봄과 의료, 안전망을 결합한 이러한 시스템은 농촌 고령화 문제를 단순히 복지 차원에서 대응하는 것을 넘어, 도시복지와 연결해 통합적으로 해결하는 방식이다. 결국 영주는 농촌과 도시가 함께 어우러지는 복지 모델을 통해 고령화 사회의 새로운 해법을 제시할 수 있다.

영주의 미래 인구구조

"회복 가능한 인구 선순환 모델"

영주가 인구 감소의 악순환을 끊고 회복의 길로 나아가기 위해서는 선순환 구조를 확립하는 것이 무엇보다 중요하다. 우선 청년이 유입되면 출생이 증가하고, 이는 초·중·고등학교의 유지로 이어진다. 학교가 유지되면 지역 소비가 늘어나고, 산업 인력 확보가 가능해져 기업 유입으로 연결된다. 기업이 들어오면 주거와 문화가 확장되고, 다시 청년이 유입되는 선순환이 만들어진다.

이러한 구조가 안정적으로 자리 잡는 순간, 영주는 더 이상 인구 감소 도시가 아니라 인구 회복 도시로 변모할 수 있다. 청년이 머물고 가족이 정착하며 기업이 성장하는 도시, 바로 그 미래가 영주가 지향해야 할 방향이다.

맺음말

도시의 미래는 '사람'이 만든다

영주의 산업과 관광, 문화가 아무리 발전하더라도 결국 사람이 살지 않으면 도시는 앞으로 나아갈 수 없다. 도시의 본질은 사람이며, 사람이 머무르고 살아가는 힘이 곧 도시의 미래를 결정한다. 그렇기에 영주는 반드시 새로운 길을 선택해야 한다.

청년이 머무르는 도시, 가족이 아이를 키우기 좋은 도시, 어르신이 존중받는 도시, 그리고 외부 청년이 정착할 수 있는 도시로 나아가야 한다.

"떠나는 도시에서 머무는 도시로"의 전환은 단순한 인구정책에 그치지 않는다. 이는 도시 전체를 청년 친화적이고 가족 친화적이며 세대가 함께 어울릴 수 있는 구조로 다시 설계하는 혁명이다.

주거와 일자리, 교육과 문화, 복지와 공동체가 유기적으로 연결될 때 영주는 인구 감소의 악순환을 끊고, 인구 회복의 선순환을 만들어낼 수 있다.

결국 이 혁신은 영주를 미래 세대가 선택하는 도시, 지속가능한 성장의 중심지로 변화시키는 길이다.

다음 장에서는 스마트 행정·시민 중심 행정 혁신을 본격적으로 다룬다.

제7장. 스마트 행정혁신

시민이 체감하는 변화

프롤로그

행정이 바뀌면 도시가 달라진다.

공직자로서 30년을 일하며 깨달은 점은 도시의 성패가 단순히 예산의 많고 적음에 달려 있지 않다는 것이다. 비슷한 예산, 비슷한 인구, 비슷한 여건을 가진 도시라도 어떤 도시는 빠르게 발전하고, 어떤 도시는 제자리에서 멈춘다. 그 차이는 바로 행정의 방식에서 비롯된다. 행정이 '시민 중심'으로 바뀌는 순간, 도시의 속도는 달라진다. 시민의 필요와 목소리를 우선으로 하는 행정은 정책의 실효성을 높이고, 도시의 활력을 끌어올린다. 또한 행정이 '투명하고 효율적'으로 운영되는 순간, 시민의 신뢰는 상승하며 이는 곧 도시 발전의 원동력이 된다.

지금 영주에 필요한 것은 단순한 제도 개선이 아니라 새로운 길을 열기 위한 행정의 변화다. 바로 "스마트 행정혁신"이다. 시민 중심, 투명성, 효율성을 기반으로 한 스마트 행정혁신이 이루어질 때 영주는 머무는 도시, 성장하는 도시로 다시 도약할 수 있다.

왜 스마트 행정인가

변화의 출발점

행정의 방식이 도시의 경쟁력을 좌우한다.

도시 발전에서 중요한 것은 단순히 예산의 크기가 아니다. 예산을 어떻게 쓰는지, 행정을 얼마나 빠르게 실행하는지, 부서 간 협력이 얼마나 원활한지, 그리고 시민이 체감하는 정도가 핵심이다.

영주의 행정현실을 진단해 보면, 민원 처리 속도는 지역 평균 수준에 머물러 있고, 부서 간 협업 구조는 다소 미흡하다. 또한 디지털 기반 민원 대응 체계가 부족하여 시민들이 편리하게 행정 서비스를 이용하기 어렵고, 정보 접근성도 낮아 시민들이 정책과 행정 과정을 충분히 이해하기 힘들다.

정책 과정에서 시민 참여가 적고, 사업 추진 현황 공개가 제한적이라는 점도 문제다. 이러한 구조는 결국 도시의 발전 속도를 늦추는 원인이 된다. 행정이 시민 중심으로 전환되고, 투명성과 효율성을 강화하며, 디지털 기반을 확충할 때 비로소 영주는 더 빠르고 신뢰받는 행정을 통해 도시 발전의 속도를 높일 수 있을 것이다.

'스마트 행정'은 기술이 아니라 철학이다.

많은 도시들이 스마트 시티, 데이터 시티, AI 행정이라는 용어를 앞세우며 미래형 도시를 표방하고 있지만, 실제로 스마트 행정의 핵심은 기술 그 자체가 아니다. 스마트 행정은 시민 중심의 사고, 데이터 기반의 의사결정, 투명한 과정, 그리고 빠른 실행 속도가 결합될 때 비로소 완성된다. 기술은 이러한 목표를 실현하기 위한 도구일 뿐이며, 중요한 것은 그 도구를 어떻게 활용하느냐에 달려 있다.

즉, 스마트 행정은 단순히 첨단 시스템을 도입하는 것이 아니라 시민의 삶을 개선하고 신뢰를 높이는 방식으로 기술을 운용하는 것이다. 시민이 체감할 수 있는 변화, 데이터로 뒷받침되는 정책, 투명하게 공개되는 행정 과정, 그리고 지체 없는 실행이 이루어질 때 도시의 경쟁력은 비약적으로 향상된다. 결국 스마트 행정의 본질은 기술이 아니라, 기술을 시민을 위해 쓰는 방식에 있다.

AI·데이터 기반 행정혁신

빠르고 정확한 도시

나는 해양수산부에서 근무하며 예산과 정책, 조직을 재설계하는 과정에서 AI 기반 예측과 데이터 기반 평가가 행정의 효율성과 정확성을 얼마나 크게 높일 수 있는지 직접 경험했다.

단순히 직관이나 관행에 의존하는 방식이 아니라, 데이터를 토대로 미래를 예측하고 정책 효과를 객관적으로 평가하는 시스템은 행정의 신뢰를 높이고 속도를 가속화하는 강력한 도구였다.

이제 영주가 그 방식을 도입해야 할 시점이다. 청년 유입, 산업혁신, 주거 개선, 복지 확장 등 다양한 정책 과제를 추진하는 과정에서 AI와 데이터 기반 행정은 선택이 아니라 필수다.

영주가 이러한 혁신을 받아들일 때, 행정은 더 투명해지고 시민은 더 신뢰하며, 도시의 발전 속도는 한 단계 도약할 수 있다. 결국 영주의 미래는 스마트 행정혁신을 통해 열릴 것이다.

AI 민원응답 시스템 구축

영주의 민원은 연간 20만 건 이상으로 추정되며, 그중 약 70%가 도로 보수 문의, 교통 불편, 주차 문제, 민원 담당부서 안내, 서류 제출 관련 질문 등과 같은 패턴화된 정보 민원이다. 이러한 반복적이고 단순한 민원을 AI가 24시간 응답한다면 행정의 효율성은 획기적으로 높아질 수 있다.

AI 민원 응답 시스템이 도입되면 답변 대기시간은 90% 이상 줄어들고, 민원 처리의 정확도는 크게 향상된다. 동시에 직원들의 업무 부담이 완화되어 보다 복잡하고 전문적인 민원에 집중할 수 있으며, 시민 만족도 역시 상승하게 된다. 이미 서울시와 부산시는 AI 민원 챗봇을 통해 1차 응답률을 60% 이상 개선한 성과를 보여주고 있다.

AI 행정 혁신

따라서 영주도 충분히 가능하다. AI 기반 민원 응답 체계를 도입한다면 행정의 속도와 신뢰가 동시에 높아지고, 시민이 체감하는 서비스 수준은 한 단계 도약할 것이다. 이는 영주가 스마트 행정혁신을 통해 '머무는 도시'로 변모하는 중요한 출발점이 될 수 있다.

데이터 기반 예산·정책 시스템

데이터 기반 행정은 단순한 '감'이나 경험에 의존하는 방식이 아니라, 근거와 분석, 그리고 효과성을 기준으로 예산을 배분하는 새로운 행정 패러다임이다. 예를 들어 도시 교통량을 분석하면 도로 개선의 우선순위를 객관적으로 산정할 수 있고, 지역별 인구 분포를 파악하면 교육과 보육 시설을 효율적으로 배치할 수 있다. 또한 공원 이용자 데이터를 활용하면 야간 조명과 안전 시설을 강화할 수 있으며, CCTV 범죄 데이터를 분석하면 순찰 동선을 최적화할 수 있다.

이처럼 모든 행정 과정이 데이터 기반으로 움직일 때, 정책의 정확도와 실행력은 비약적으로 높아진다. 시민은 체감할 수 있는 변화를 경험하고, 행정은 신뢰와 속도를 동시에 확보하게 된다. 결국 데이터 기반 행정은 도시의 경쟁력을 높이는 가장 확실한 방법이며, 영주가 선택해야 할 미래형 행정 혁신의 핵심이다.

해외 사례 싱가포르 'OneService App'

싱가포르는 모든 도시 문제를 '원서비스 앱' 하나로 처리하는 체계를 구축하여 세계적인 시민 만족도를 달성했다. 도로 파손 신고, 쓰레기 문제, 불법 주차, 안전 위험 등 다양한 민원을 하나의 앱에서 접수하고, 24시간 내에 처리하는 방식은 행정의 속도와 효율성을 극대화한다. 시민은 언제 어디서든 간편하게 문제를 제기할 수 있고, 행정은 이를 신속하게 대응함으로써 신뢰를 높인다.

영주도 이 모델을 지역 맞춤형으로 도입할 수 있다. 영주의 특성과 생활 환경에 맞게 앱을 설계하여 교통, 환경, 안전, 복지 등 다양한 분야의 민원을 통합 관리한다면, 행정의 투명성과 시민 체감도가 크게 향상될 것이다.

이는 단순한 기술 도입이 아니라, 시민 중심의 스마트 행정혁신을 실현하는 길이며, 영주가 머무는 도시로 도약하는 중요한 발판이 될 수 있다.

영주시민앱

모든 행정을 한 손에 넣다.

현재 영주 시민들은 행정, 교통, 관광, 복지와 관련된 정보를 각각 다른 경로에서 찾아야 하는 불편을 겪고 있다. 이는 시민들의 시간과 노력을 낭비하게 만들고, 행정 서비스에 대한 체감 만족도를 낮추는 요인이 된다. 이제는 이러한 분산된 정보를 하나로 모아주는 '영주시민앱'이 필요하다. 영주시민앱은 행정 민원 처리, 교통 안내, 관광 정보, 복지 서비스까지 모든 생활 정보를 통합 제공하는 플랫폼으로 설계될 수 있다. 시민들은 단 하나의 앱을 통해 필요한 정보를 손쉽게 확인하고, 민원을 접수하며, 생활 편의를 누릴 수 있다. 이는 행정의 효율성을 높이고 시민의 만족도를 크게 향상시키는 동시에, 영주가 스마트 행정혁신을 실현하는 중요한 출발점이 될 것이다. 결국 영주시민앱은 단순한 정보 제공 도구가 아니라, 시민과 행정을 연결하는 새로운 소통 창구이며, 영주를 머무는 도시로 만드는 핵심 인프라가 될 수 있다.

영주시민앱의 핵심 기능

〈표 7-1. '영주시민앱' 주요 기능〉

기능	내용
민원	AI 민원챗봇, 신고, 진행 상황 조회
교통	버스 위치·시간, 주차 정보
관광	영주 관광코스, 예약, 쿠폰
복지	복지 서비스 자동 추천
안전	재난·기상 알림, CCTV 안전 안내
생활	쓰레기 배출, 도서관 정보, 행사

"도시의 모든 서비스가 한곳에 있는 플랫폼 도시"

시민 중심 UX·UI 디자인

고령층도 불편 없이 행정 서비스를 이용할 수 있도록 하기 위해서는 단순한 기술 도입을 넘어 사용자 친화적인 설계가 필요하다. 화면에는 큰 글자를 적용하고, 버튼은 명확하고 직관적으로 배치하며, 음성 안내 기능을 도입해 누구나 쉽게 접근할 수 있도록 해야 한다. 중요한 것은 데이터를 많이 모으는 것이 아니라 시민이 실제로 편리하게 이용할 수 있도록 만드는 것이다.

즉, 행정 서비스의 목표는 기술적 화려함이 아니라 시민의 체감 편의성이다. 고령층을 포함한 모든 세대가 손쉽게 사용할 수 있는 시스템을 구축할 때, 행정은 진정으로 시민 중심으로 변화하며 신뢰와 만족을 동시에 높일 수 있다.

투명한 행정

신뢰를 만드는 힘

행정의 신뢰가 도시의 분위기를 결정한다. 그리고 신뢰는 투명성에서 나온다.

정보공개 강화

도시 행정에서 가장 중요한 것은 투명성이다. 예산 편성과 집행 과정을 실시간으로 공개하고, 모든 사업의 추진 단계를 시민이 쉽게 확인할 수 있도록 한다면 행정은 훨씬 더 신뢰받게 된다. 또한 시민이 이해하기 쉬운 시각화 보고서를 제공하고, 인허가와 도시계획 절차를 투명하게 공개한다면 행정은 더 이상 닫힌 구조가 아니라 열린 구조로 바뀐다.

"투명성 = 신뢰 + 속도"라는 공식은 단순한 구호가 아니다. 숨길 것이 없으면 행정의 속도는 자연스럽게 빨라지고, 속도가 빨라지면 시민이 체감하는 만족도는 높아진다. 체감이 올라가면 신뢰는 자연스럽게 형성된다.

결국 투명성은 행정의 효율성과 시민의 신뢰를 동시에 끌어올리는 핵심이며, 영주가 머무는 도시로 도약하기 위한 가장 중요한 행정 혁신의 출발점이다.

시민배심원제 도입

도시의 정책 방향은 행정만으로 결정되는 것이 아니라 시민과 함께 만들어져야 한다.

이를 위해 지역별로 30~50명의 시민위원을 선정하여 도시계획, 예산, 관광정책 등 주요 사안을 심의하도록 한다면 행정은 더욱 민주적이고 현실적인 방향으로 나아갈 수 있다. 중요한 것은 단순히 의견을 듣는 데 그치지 않고, 시민위원회의 의견이 실제 정책에 어떻게 반영되었는지를 공개하는 것이다.

이미 독일과 영국의 여러 도시에서는 시민배심원제를 도입하여 행정 갈등을 50% 이상 줄이는 성과를 거두었다. 이는 시민이 정책 과정에 직접 참여할 때 행정의 투명성과 신뢰가 높아지고, 갈등이 줄어들며, 도시 발전의 속도가 빨라진다는 것을 보여준다.

영주 역시 시민과 함께 정책을 결정하는 구조를 마련한다면 머무는 도시로 도약하는 데 필요한 신뢰와 협력의 기반을 확실히 구축할 수 있을 것이다.

부서 간 협업 구조

행정을 '원팀'으로 만든다.

공직 경험에서 가장 어려운 과제 중 하나는 바로 "부서 간 협업"이다. 각 부서는 서로 다른 예산 구조와 평가 기준, 규정, 그리고 조직 문화를 가지고 있어 협력 과정에서 많은 장벽이 생긴다. 그러나 도시 문제는 행정의 부서 단위로 존재하지 않는다. 도로, 교통, 환경, 복지, 교육 등 모든 문제는 시민의 생활 단위에서 발생하며, 실제로는 서로 긴밀히 연결되어 있다.

따라서 도시 문제를 해결하기 위해서는 부서 간 경계를 넘어서는 협업이 필수적이다. 행정이 생활 단위로 문제를 바라보고, 부서 간의 칸막이를 허물어 공동의 목표를 향해 나아갈 때 비로소 시민이 체감하는 변화가 만들어진다.

결국 도시 발전의 속도와 성패는 부서 간 협업을 어떻게 실현하느냐에 달려 있으며, 영주가 머무는 도시로 도약하기 위해서는 이 협업 구조의 혁신이 반드시 필요하다.

'프로젝트 팀제' 도입

도시재생, 관광, 인구정책과 같은 대규모 사업은 단일 부서만으로는 추진하기 어렵다. 여러 부서가 함께 참여해야만 실질적인 성과를 낼 수 있으며, 이를 위해 영주는 프로젝트 팀제를 도입할 필요가 있다. 프로젝트 팀은 실무 경험이 풍부한 팀장급 인사가 이끌고, 기획, 예산, 도시재생, 농업, 관광, 청년 등 다양한 분야의 인력이 함께 구성된다.

이 팀은 부서별 이해관계에 얽매이지 않고 "목표 중심의 협업"을 통해 문제를 해결하는 방식으로 운영된다. 이러한 구조는 행정 내부의 협업을 강화할 뿐만 아니라 민관협력 체계와도 자연스럽게 연결된다.

시민과 기업, 지역 단체가 함께 참여하는 협력 구조 속에서 프로젝트 팀은 도시 문제를 생활 단위로 해결하며, 영주가 머무는 도시로 도약하는 데 필요한 혁신적 행정 모델이 될 수 있다.

현장 중심 행정 시스템

행정은 책상 위에서 성공하지 않는다. 진정한 행정의 성과는 현장에서 만들어진다. 시장과 부시장, 국장과 과장이 매주 한 차례 현장을 직접 방문하여 시민의 목소리를 듣고, 민원 처리 속도를 평가하는 과정은 행정의 신뢰를 높이는 중요한 출발점이다.

현장에서 접수된 민원을 즉시 처리할 수 있는 시스템을 갖추고, 주간 브리핑과 실시간 피드백을 통해 문제 해결 과정을 투명하게 공유한다면 시민은 행정이 자신과 가까이 있다는 것을 체감하게 된다. 이러한 구조는 단순한 민원 대응을 넘어, 행정의 속도와 품질을 동시에 높이는 혁신으로 이어진다.

결국 영주가 머무는 도시로 도약하기 위해서는 현장에서 성공하는 행정, 시민과 함께 움직이는 행정이 필요하다.

친환경·스마트 안전 도시

시민 삶의 질을 바로 높이는 정책

도시 안전 모니터링 시스템

AI CCTV와 여성안심거리 조성, 야간 조명 확충은 시민들이 일상에서 느끼는 안전을 크게 높여주는 요소다. 여기에 산불과 홍수 같은 자연재해를 사전에 예측할 수 있는 시스템과 실시간 긴급알림 체계를 더한다면, 도시의 위기 대응 능력은 한층 강화된다.

이 모든 기능을 시민앱과 연동하면 효과는 배가된다. 시민은 앱을 통해 언제 어디서든 안전 정보를 확인하고, 위험 상황에 즉시 대응할 수 있으며, 행정은 데이터를 기반으로 더 빠르고 정확하게 조치를 취할 수 있다.

결국 이러한 구조는 도시의 안전 수준을 급격히 끌어올리고, 시민이 체감하는 신뢰와 만족을 동시에 높이는 결과로 이어진다. 영주는 이 혁신을 통해 안전하고 머무를 수 있는 도시로 도약할 수 있다.

보행·교통 스마트 관리

도시 교통의 혁신은 시민의 일상 속 편리함을 높이는 데서 출발한다. 버스 도착 알림 시스템을 통해 시민들은 대중교통을 기다리는 시간을 효율적으로 관리할 수 있고, 도로 상태 감지 기술은 교통 흐름을 원활하게 유지하며 안전을 강화한다.

신호체계의 스마트 조정은 차량과 보행자의 흐름을 최적화하여 도심 혼잡을 줄이고, 보행 네트워크 설계는 시민들이 걷기 좋은 도시 환경을 만드는 핵심 요소가 된다.

특히 고령층을 위한 맞춤형 교통 서비스는 단순한 편의 제공을 넘어 도시의 포용성을 높인다. 이동이 불편한 어르신들이 안전하고 편리하게 생활권을 누릴 수 있도록 지원하는 것은 도시가 머무는 공간으로 자리 잡는 데 필수적이다. 결국 이러한 교통 혁신은 영주를 시민 모두가 체감할 수 있는 스마트 도시로 변화시키는 중요한 발판이 된다.

생활환경 서비스 자동화

쓰레기 수거 알림 서비스가 도입되면 시민들은 수거 일정을 놓치지 않고 생활의 편리함을 느낄 수 있다. 재활용과 자원순환 포인트 제도는 참여를 유도해 환경 보호와 동시에 시민에게 보상을 제공하며, 일상 속 작은 행동이 도시 전체의 변화를 만들어낸다. 또한 미세먼지 예측 시스템은 건강을 지키는 생활 정보를 제공하고, 물 절약과 전력 사용 분석은 가정과 도시의 에너지 효율을 높인다.

이 모든 기능이 결합될 때 시민은 단순한 행정 서비스가 아니라 생활 속에서 직접 체감할 수 있는 변화를 경험하게 된다. 결국 이러한 변화는 영주를 더 편리하고 지속가능한 도시로 만드는 핵심 동력이 된다.

해외 스마트 행정 모델

앞으로의 영주가 참고해야 할 사례들

에스토니아 탈린 세계 최고의 디지털 행정

영주의 행정은 이제 99% 온라인으로 전환되어야 한다. 자동화와 AI 중심의 시스템을 통해 시민 편익을 세계 최고 수준으로 끌어올릴 수 있으며, 이는 단순한 기술 혁신을 넘어 행정의 본질적 변화를 의미한다.

민원 처리, 예산 집행, 정책 결정 등 모든 과정이 디지털 기반으로 운영될 때 행정은 더 빠르고 정확해지고, 시민은 더 편리하고 신뢰할 수 있는 서비스를 누리게 된다.

특히 영주는 다른 도시와 차별화된 정체성을 가지고 있다. 바로 "선비정신"이다. 선비정신은 청렴과 책임, 공동체를 위한 헌신을 상징하며, 이를 디지털 행정과 결합한다면 영주는 독창적인 모델을 만들 수 있다. 즉, 영주는 "선비정신 × 디지털 행정"이라는 가치로 차별화하여, 전통과 혁신을 동시에 품은 미래형 도시로 도약할 수 있다.

핀란드 헬싱키 데이터 기반 도시

교통, 환경, 보건 등 도시 생활과 직결되는 모든 데이터를 시민에게 투명하게 공개한다면 행정은 새로운 신뢰의 기준을 세울 수 있다. 교통 흐름과 도로 상태, 대기질과 미세먼지 수치, 보건 지표와 의료 서비스 현황까지 시민이 언제든 확인할 수 있도록 오픈 데이터 체계를 구축하면, 행정은 숨김 없는 구조로 전환된다.

이러한 투명성은 단순한 정보 제공을 넘어 시민 참여와 협력을 이끌어내며, 정책 결정 과정에 대한 신뢰를 높인다. 시민은 데이터를 통해 도시의 현재를 이해하고 미래를 함께 설계할 수 있으며, 행정은 더 빠르고 정확하게 대응할 수 있다. 결국 교통·환경·보건 데이터를 모두 공개하는 도시는 시민의 신뢰 1위 도시로 자리매김하게 된다.

미국 뉴욕 311 시민 신고 시스템

모든 민원을 하나의 통합 창구인 '311'로 묶어 관리하는 방식은 행정의 속도와 신뢰를 동시에 높이는 효과를 가져온다. 시민은 복잡한 절차나 여러 부서를 거치지 않고, 단일 번호와 시스템을 통해 민원을 접수할 수 있으며, 행정은 이를 신속하게 분류하고 처리할 수 있다. 이러한 구조는 불필요한 중복을 줄이고, 민원 처리 과정의 투명성을 강화한다.

특히 '311' 모델은 영주시민앱을 설계할 때 참고할 수 있는 중요한 사례다. 앱을 통해 모든 민원이 통합 접수되고, 처리 현황이 실시간으로 공유된다면 시민은 행정의 속도와 신뢰를 직접 체감할 수 있다. 결국 이는 영주가 시민 중심의 스마트 행정을 구현하고, 머무는 도시로 도약하는 데 필요한 핵심 혁신이 될 것이다.

맺음말

행정이 바뀌는 순간, 영주는 달라진다.

대부분의 도시들은 건물과 도로 같은 하드웨어를 바꾸는 데 집중한다. 그러나 도시를 진정으로 변화시키는 힘은 눈에 보이는 시설이 아니라 행정, 사람, 조직, 그리고 문화의 변화에서 나온다.

영주가 앞으로 나아가기 위해서는 투명한 행정, 시민 중심의 사고, 데이터 기반의 정책 결정, 빠른 실행을 가능하게 하는 속도 행정, 그리고 부서 간 협업 구조를 갖추는 것이 핵심이다.

이러한 전환이 이루어질 때 도시 전체가 바뀌고, 시민은 행정의 변화를 직접 체감하게 된다. 중요한 것은 비용이 아니라 의지다. "행정의 전환은 비용이 아니라, 의지다"라는 말처럼, 변화의 결단을 내리는 순간 영주의 미래는 달라진다. 결국 그 의지가 영주를 머무는 도시, 신뢰받는 도시로 만들어가는 원동력이 될 것이다.

다음 장에서는 복지와 시민참여 - 함께 만드는 도시 영주를 다룬다.

제8장. 복지·평생학습·시민참여

함께 만드는 도시 영주

프롤로그

"도시는 결국 사람의 이야기다."

어릴 적 영주 관사골에는 언제나 사람의 온기가 가득했다. 마을 어귀에 나서면 서로 이름을 알고, 어르신의 안부를 묻고, 아이가 울면 함께 달래주던 공동체가 있었다. 도시는 건물과 도로로만 만들어지는 것이 아니라 사람과 사람 사이의 관계, 즉 공동체의 온기로 유지되는 공간임을 그때 이미 느낄 수 있었다. 나는 공직생활 30년 동안 수많은 도시를 경험했다. 그 과정에서 깨달은 것은 성공한 도시일수록 인프라보다 사람을 먼저 챙기고, 공동체를 회복하며, 시민을 도시 변화의 주체로 세운다는 사실이다. 도시의 지속가능한 발전은 결국 시민이 중심이 되는 구조에서 비롯된다.

이 장은 영주가 '살기 좋은 도시'를 넘어 '함께 살아가는 도시'로 나아가기 위한 전략을 담고 있다. 복지의 확장, 평생학습의 기회 제공, 시민참여의 제도화는 공동체를 다시 세우는 핵심 축이다. 영주가 이러한 변화를 실현할 때, 도시는 단순한 생활 공간을 넘어 서로를 돌보고 함께 성장하는 공동체로 거듭날 수 있다.

영주 복지의 현실

어디에 빈틈이 있는가

영주는 이미 고령화 비율이 31.9%에 이르는 대표적인 고령 도시다. 특히 읍·면 지역은 상황이 더 심각하여 고령화율이 40~45%를 넘어서는 곳도 존재한다. 도시 전체가 고령화되면 복지 수요는 폭발적으로 증가하지만, 돌봄 인력과 시설은 그 속도를 따라가지 못해 정체되는 문제가 발생한다.

이는 단순히 인구 구조의 변화가 아니라 도시의 지속가능성을 위협하는 중요한 과제다. 고령층의 삶의 질을 보장하기 위해서는 복지 서비스의 확대와 돌봄 체계의 혁신이 필수적이며, 인력과 시설을 확충하는 동시에 지역 공동체가 함께 참여하는 새로운 돌봄 모델을 마련해야 한다. 결국 영주가 직면한 고령화 문제는 행정과 시민이 함께 해결해야 할 가장 시급한 과제이며, 이를 극복하는 과정에서 도시의 미래가 결정될 것이다.

영주 복지의 빈틈

〈표 8-1. 영주 복지 실태 진단〉

영역	현재 상태	문제점
노인복지	경로당·요양시설 많음	방문돌봄 부족·고독사 위험 증가
장애인복지	기초시설 존재	일자리·교통 접근성 낮음
아동·청소년	학교·복지관 존재	방과후·심리지원 부족
읍·면 복지	마을단위 지원	인력·예산 부족
정신건강	보건소 중심	우울·치매 대응체계 부족

영주의 복지 서비스는 양적으로는 충분해 보인다. 다양한 제도와 지원책이 마련되어 있지만, 실제로 시민이 체감하는 복지의 질은 기대에 미치지 못한다. 서비스 간의 연결성이 부족해 중복되거

나 단절되는 경우가 많고, 현장에서 필요한 맞춤형 지원이 제때 이루어지지 않는 문제도 존재한다.

복지는 단순히 양을 늘리는 것이 아니라 질을 높이고, 서로 다른 제도와 기관을 유기적으로 연결하며, 현장에서 시민의 삶과 직접 맞닿아야 한다. 이러한 변화가 이루어질 때 비로소 복지는 시민에게 실질적인 힘이 되고, 도시 전체의 신뢰와 만족을 높이는 기반이 될 것이다.

고독사·치매 등 '보이지 않는 위기'

영주는 1인 고령가구가 빠르게 늘어나면서 눈에 잘 보이지 않는 위험이 점점 커지고 있다. 겨울철 난방 취약으로 인한 건강 문제, 낙상과 고독사 같은 생활 속 사고, 치매 초기 증상이 방치되는 상황은 고령 사회가 직면한 심각한 과제다.

또한 응급 상황에서 출동 시간이 지연되거나 농촌 지역에서 단절감을 느끼는 문제는 도시의 외형적 발전만으로는 해결할 수 없는 영역이다.

도시가 진정으로 안전해지기 위해서는 건물이나 도로 같은 외형보다 내부의 안전망을 강화하는 것이 무엇보다 중요하다. 돌봄 체계, 응급 대응 시스템, 공동체적 연결망을 촘촘히 구축할 때 시민은 안심하고 살아갈 수 있으며, 도시의 지속가능성도 확보된다. 영주가 나아가야 할 방향은 바로 이러한 보이지 않는 위험을 줄이고, 사람 중심의 안전망을 세우는 데 있다.

"함께 사는 도시"를 위한 복지 전략

나는 복지는 단순히 많은 예산을 투입하는 것이 아니라, 필요한 사람에게 제대로 도달하도록 정교하게 설계하는 것임을 배웠다. 복지는 행정의 형식적인 절차가 아니라 사람과 사람을 연결하는 관계의 기반이며, 공동체를 지탱하는 힘이다.

영주는 지형적 특성과 높은 고령화율, 그리고 읍·면 지역의 구조적 특수성을 동시에 안고 있는 도시다. 따라서 복지 시스템은 획일적인 방식이 아니라 지역의 현실을 반영한 맞춤형으로 설계되어야 한다. 돌봄 인력과 시설을 촘촘히 배치하고, 고령층 1인 가구를 위한 생활 안전망을 강화하며, 읍·면 지역의 단절감을 줄이는 공동체 기반 서비스를 마련하는 것이 핵심이다.

이 전략은 단순히 복지의 양을 늘리는 것이 아니라 질과 연결성을 높이고, 현장에서 시민이 체감할 수 있도록 설계된 영주형 복지 모델이다. 결국 복지는 행정의 성과가 아니라 사람을 중심에 둔 관계의 회복이며, 영주가 '함께 살아가는 도시'로 나아가는 가장 중요한 토대가 될 것이다.

찾아가는 복지 시스템 강화

영주가 고령화 사회를 대비하기 위해서는 맞춤형 복지 전략이 필요하다.

첫 번째로, '우리 동네 복지매니저' 제도를 도입하여 읍·면·동마다 1~2명의 복지매니저를 배치한다. 이들은 고령자와 장애인 가정

맞춤형 노인복지

을 정기적으로 방문해 복지·안전·의료 정보를 제공하고, 응급신호 감지 센서를 설치해 위기 상황을 신속히 대응할 수 있도록 한다. 이는 일본 야마가타현의 '생활지원 감시망 모델'을 벤치마킹할 수 있는 실질적인 방안이다.

두 번째로, 영주형 '돌봄 SOS' 시스템을 구축한다. 위기 상황이 발생하면 실시간으로 접수되고, 신고 즉시 돌봄팀이 출동하여 의료·복지 서비스와 연계된다. 여기에 AI 기반 위험예측을 도입해 치매, 낙상, 독거 위험을 사전에 감지함으로써 예방적 돌봄 체계를 강화할 수 있다.

세 번째로, 마을 단위 치매·우울증 예방 프로그램을 운영한다. 원예치유와 미술치유 같은 생활 밀착형 프로그램을 제공하고, 선비정신을 기반으로 한 인문·독서 활동을 통해 정신적 안정과 공동체적 유대감을 회복한다. 또한 작은 음악회와 마을학교를 운영하여 문화적 활력을 불어넣고, 주민들이 함께 어울리며 정서적 건강을 지켜갈 수 있도록 한다.

이 세 가지 전략은 영주가 단순히 복지의 양을 늘리는 것을 넘어, 질과 연결성을 강화하고 시민이 체감할 수 있는 현장 중심의 복지 모델을 만드는 핵심 토대가 될 것이다.

노년층 삶의 질 향상 "존중받는 노년"

노년의 삶의 질이 높은 도시는 결국 아이를 키우기에도 좋은 도시가 된다. 영주는 이를 위해 세 가지 전략을 추진할 수 있다.

첫째, 경로당 리모델링이다. 냉난방과 환기, 안전을 개선하고 기존의 TV 중심 공간을 교육용·운동기구 중심으로 전환하여 경로당을 단순한 휴식 공간이 아닌 '마을카페·학습공간'으로 변화시킨다. 이를 통해 어르신들이 배우고 운동하며, 세대 간 교류가 이루어지는 열린 공동체 공간으로 발전시킬 수 있다.

둘째, 100세 건강센터 설립이다. 운동처방과 영양·웃음치료, 치매와 우울증 예방 프로그램을 운영하고, 한의와 양의를 결합한 케어 시스템을 마련한다. 이를 통해 고령층이 건강을 유지하며 활기찬 삶을 이어갈 수 있도록 지원한다.

셋째, 시니어 일자리 확충이다. 마을관리단, 관광안내, 환경관리, 지역해설사 등 다양한 일자리를 제공하여 어르신들이 사회적 역할을 지속할 수 있도록 한다. 이는 독일 프라이부르크 모델처럼 "건강한 시니어 도시"를 실현하는 길이 된다.

이러한 전략은 노년층의 삶의 질을 높이는 동시에 세대 간 연결을 강화하고, 도시 전체를 더 따뜻하고 지속가능한 공동체로 만드는 기반이 될 것이다.

평생학습도시 영주

"배움이 삶을 바꾼다."

영주는 선비정신의 도시다. 선비정신은 단순한 역사적 유산이 아니라, 학습과 토론, 사색을 통해 공동체를 성장시키는 힘이다. 이러한 전통을 현대적으로 되살린다면 영주는 단순히 머무는 도시를 넘어, 지혜와 성찰이 살아 숨 쉬는 학습의 도시로 재탄생할 수 있다.

학교와 도서관, 마을의 작은 학습공간에서 시민들이 함께 배우고 토론하며, 사색을 통해 삶의 방향을 모색하는 문화가 자리 잡을 때 영주는 다른 도시와 차별화된 정체성을 갖게 된다.

결국 선비정신을 기반으로 한 학습·토론·사색의 도시로 나아가는 길은 영주가 미래 세대와 함께 성장하는 가장 중요한 토대가 될 것이다.

평생학습 인프라 확장

영주는 선비정신을 바탕으로 학습과 토론의 도시로 거듭날 수 있다. 이를 위해 첫 번째 전략은 시민대학(Seonbi Citizen

University)의 설립이다. 인문학과 토론뿐만 아니라 AI, 디지털, 경제 등 현대 사회에 필요한 다양한 분야를 아우르며 전 연령이 참여할 수 있는 열린 교육 체계를 마련한다. 교수와 전문가뿐 아니라 시민강사가 함께 운영하여, 시민 스스로가 지식의 생산자이자 공유자가 되는 학습 공동체를 형성한다.

두 번째 전략은 마을학습관 확대이다. 작은 도서관과 공방, 교육실을 결합한 복합 학습 공간을 읍·면 지역까지 확충하여 어르신, 청소년, 청년 모두가 자유롭게 이용할 수 있도록 한다. 이를 통해 세대 간 교류가 자연스럽게 이루어지고, 지역 곳곳에서 학습과 창의 활동이 생활 속에 녹아들게 된다.

이 두 가지 전략은 영주를 단순한 생활 도시가 아니라, 지혜와 배움이 살아 숨 쉬는 학습·토론·사색의 도시로 재탄생시키는 핵심 동력이 될 것이다.

평생교육

세대연계형 학습 프로그램

세대를 연결하는 학습은 공동체를 회복하는 가장 효과적인 도구다. 어르신과 청소년이 함께 글을 쓰고 토론하는 과정은 세대 간의 이해와 존중을 깊게 만들며, 부모와 아이가 함께 참여하는 공동 프로젝트는 가족의 유대감을 강화한다.

농촌과 도시가 교차 학습을 통해 서로의 삶을 배우고 공유하면 지역 간 단절을 줄이고, 상호 협력의 기반을 마련할 수 있다.

또한 지역의 생태와 역사를 주제로 한 프로젝트 수업은 시민 모두가 자신의 뿌리를 이해하고, 공동체의 가치를 재발견하는 계기가 된다. 이러한 학습은 단순한 지식 전달을 넘어 사람과 사람을 연결하고, 공동체의 온기를 되살리는 힘이 된다. 영주가 이러한 세대 연결형 학습을 확산시킨다면, '함께 살아가는 도시'로 나아가는 길이 더욱 단단해질 것이다.

선비정신 기반 학습 혁신

영주는 선비정신을 바탕으로 독서와 토론 문화를 활성화할 수 있는 잠재력을 지니고 있다. 청년들이 자유롭게 모여 토론 소모임을 운영하도록 지원하고, 부석사와 소수서원 같은 역사적 공간을 연계한 인문학 코스를 마련하면 학습과 사색이 일상 속에 스며들게 된다. 또한 영주시민 독서제와 토론제를 정례화하여 시민 모두가 참여하는 학습 축제를 만들면, 지식과 문화가 공동체의 중심에 자리 잡을 수 있다.

해외 사례에서도 그 가능성을 확인할 수 있다. 핀란드 에스포는 "생활형 학습도시" 모델을 구축해 지역 주민의 삶의 질과 창의성을 크게 높였다. 영주 역시 이러한 모델을 충분히 구현할 수 있으며, 독서와 토론을 생활 속 문화로 정착시킨다면 시민이 도시 변화의 주체가 되고, 영주는 학습과 공동체가 살아 숨 쉬는 도시로 재탄생할 수 있다.

시민참여 거버넌스

"시민이 도시의 주인인 도시"

나는 중앙부처에서 근무하며 중요한 교훈을 배웠다. 가장 실패하는 정책은 시민이 빠진 정책이고, 가장 성공하는 정책은 시민이 직접 참여해 만든 정책이라는 사실이다.

행정이 아무리 정교하게 설계되어도 시민이 배제되면 현실과 동떨어진 제도가 되고, 결국 현장에서 작동하지 않는다. 반대로 시민이 주체가 되어 목소리를 내고, 함께 설계한 정책은 삶 속에서 뿌리내리며 지속성을 갖는다.

영주가 지속 가능한 도시로 나아가기 위해서는 시민을 단순한 수혜자가 아니라 도시 운영의 주체로 세워야 한다. 행정은 시민의 의견을 경청하고, 참여의 장을 넓히며, 공동체가 스스로 도시를 변화시킬 수 있도록 지원해야 한다. 결국 영주의 미래는 시민이 중심에 설 때 비로소 단단하게 만들어질 수 있다.

참여예산제 확대

영주는 예산 편성 과정에서 시민을 주체로 세우는 새로운 방식을 도입할 수 있다. 사업 제안이 접수되면 주민 심사를 거쳐 예산에 반영하는 구조를 마련하고, 투표와 심사 모두 앱과 오프라인에서 가능하도록 하여 접근성을 높인다.

청년, 학부모, 어르신이 함께 참여하는 심사단을 구성하면 다양한 세대와 계층의 의견이 반영되어 균형 잡힌 의사결정이 이루어진다.

이러한 과정은 예산의 투명성을 강화하는 동시에 시민 만족도를 높이는 효과를 가져온다. 행정이 시민과 함께 예산을 설계하고 집행할 때, 시민은 도시 운영의 주체로서 신뢰와 책임을 느끼게 되고, 영주는 참여와 협력의 도시로 한 단계 더 도약할 수 있다.

시민배심원제·시민포럼

영주는 분기별로 도시 의제를 선정하고, 50~100명의 시민배심원을 운영하는 제도를 도입할 수 있다. 시민배심원은 주요 사업과 도시계획을 사전에 심사하며, 그 결과는 100% 공개되어 투명성을 보장한다. 이러한 과정은 행정의 신뢰를 높이고, 시민이 도시 운영의 주체로 참여하는 구조를 만들어낸다.

영국 브리스톨과 독일 함부르크 등 유럽의 시민배심원제는 이미 모범 사례로 자리 잡았다. 이들 도시처럼 영주도 시민배심원제를 통해 행정과 시민이 함께 도시의 미래를 설계하는 참여형 모델을 구축할 수 있다. 결국 이는 영주가 지속 가능한 도시로 나아가는 핵심 동력이 될 것이다.

시민 자원봉사 플랫폼

영주는 환경정화 활동과 취약계층 돌봄, 마을행사와 선비문화 행사 지원을 통해 시민이 직접 참여하는 공동체 문화를 만들어갈 수 있다. 이러한 활동은 단순한 봉사가 아니라 도시를 함께 가꾸는 과정이며, 시민이 주체가 되어 서로를 돌보고 지역을 지켜가는 힘이 된다.

특히 플랫폼을 통해 참여를 손쉽게 연결하면 시민은 "참여의 재미"를 느끼고, 자연스럽게 공동체의 회복으로 이어진다. 작은 참여가 모여 큰 변화를 만들고, 영주는 시민이 함께하는 도시, 따뜻한 공동체의 도시로 성장할 수 있다.

읍·면 공동체 회복

농촌이 살아야 도시가 산다.

영주는 도시이면서 동시에 농촌의 성격을 함께 지닌 독특한 공간이다. 이러한 이중적 구조 속에서 읍·면 공동체의 회복은 단순히 지역적 과제가 아니라 도시 전체의 미래와 직결된다.

농촌 지역이 활력을 잃으면 도시의 기반도 흔들리고, 반대로 읍·면 공동체가 살아나면 도시 전체가 건강하게 성장할 수 있다.

따라서 영주는 도시 발전 전략 속에 농촌 공동체 회복을 핵심 축으로 두어야 한다.

마을의 유대와 협력, 생활 기반의 안정, 세대 간 연결을 강화하는 과정이 곧 도시의 지속가능성을 높이는 길이다.

결국 영주의 미래는 도시와 농촌이 함께 살아가는 균형 속에서 완성될 수 있다.

읍·면형 마을회관 재설계

영주의 읍·면 지역은 단순한 생활 거점에서 벗어나, 냉난방과 IT 인프라를 갖춘 현대적 공간으로 변화할 수 있다. 여기에 평생학습과 건강관리, 다양한 동아리 활동 기능을 더하면 주민들이 일상 속에서 배우고 돌보며 함께 어울릴 수 있는 기반이 마련된다.

또한 작은 문화공간을 추가하여 공연, 전시, 모임이 이루어지도록 하면 지역 공동체의 활력이 살아난다.

이러한 변화는 단순한 시설 개선을 넘어, 읍·면을 “작은 커뮤니티 타운”으로 재탄생시키는 과정이다. 주민들이 생활과 학습, 문화와 돌봄을 한 공간에서 누릴 수 있을 때, 영주는 도시와 농촌이 함께 성장하는 지속가능한 공동체 도시로 나아갈 수 있다.

빈집·빈상가 활용

영주는 청년 주거와 귀농·귀촌 주거를 안정적으로 지원함으로써 새로운 인구 유입과 정착을 촉진할 수 있다. 청년들이 지역에 머물며 삶을 꾸려갈 수 있는 기반을 마련하고, 귀농·귀촌을 선택한 이들이 안심하고 생활할 수 있도록 주거 환경을 개선하는 것은 마을의 활력을 되살리는 중요한 출발점이다.

또한 주민들이 자유롭게 모이고 교류할 수 있는 커뮤니티 라운지와 농촌 마을카페를 조성하면, 세대와 계층을 넘어 서로 연결되는 공동체 문화가 형성된다. 이러한 공간은 단순한 휴식처를 넘어 학습과 토론, 문화 활동이 이루어지는 생활 거점으로 발전할 수 있다.

결국 청년과 귀농·귀촌 인구의 주거 안정, 그리고 공동체적 공간의 확충은 마을 활력 회복의 핵심 수단이며, 영주가 도시와 농촌이 함께 살아가는 지속가능한 공동체 도시로 나아가는 중요한 토대가 된다.

농촌형 복지 '생활지원단'

농촌 고령자의 생활 문제를 해결하기 위해서는 일상에서 가장 필요한 지원을 촘촘히 마련해야 한다. 장보기와 병원 동행, 청소 지원 같은 기본적인 생활 서비스는 고령자들의 자립을 돕고 삶의 질을 높이는 핵심 요소다. 이러한 지원은 단순한 돌봄을 넘어, 고령자들이 지역사회 속에서 안전하고 존엄하게 살아갈 수 있도록 하는 기반이 된다.

특히 주민자치회와 협업하는 방식은 매우 중요하다. 행정이 모든 것을 직접 담당하기보다, 마을 주민들이 함께 참여하고 책임을 나누는 구조를 만들면 지속성과 효율성이 높아진다. 주민자치회가 중심이 되어 생활 지원을 조직하고, 지역의 특성을 반영한 맞춤형

행복도시 영주

서비스를 제공할 때 농촌 공동체는 더욱 단단해지고, 고령자들의 생활 문제도 실질적으로 해결될 수 있다.

영주 공동체의 미래

"함께 만드는 도시가 오래 간다."

영주는 공동체 선순환 구조를 통해 삶의 질이 가장 높은 도시로 나아갈 수 있다. 시민들의 참여가 늘어나면 자연스럽게 관계가 형성되고, 이는 공동체 회복으로 이어진다.

공동체가 회복되면 복지 수요가 줄어들고, 다시 참여가 확대되면서 도시 전체의 활력이 살아난다.

이 과정이 선순환 구조로 자리 잡으면 행정의 부담은 줄고, 시민의 만족도는 높아지며, 도시의 지속가능성은 더욱 강화된다.

결국 영주는 외형적인 성장보다 내적인 공동체의 힘을 바탕으로, 자연스럽게 삶의 질 1등 도시로 도약할 수 있다.

맺음말

따뜻한 도시가 강한 도시다.

경제도 중요하고, 산업도 중요하며, 관광 역시 도시를 성장시키는 중요한 축이다. 그러나 도시의 근본은 결국 사람이다. 어르신이 존중받고, 청년이 외롭지 않으며, 아이가 안전하게 자라고, 시민이 함께 참여할 때 도시는 비로소 강해진다.

영주는 선비정신이라는 깊은 정신적 유산과 서천, 소백산, 영주댐이라는 풍부한 자연 유산을 동시에 지닌 도시다. 이 두 가지 자산 위에 '사람 중심 도시'라는 가치를 더한다면, 영주는 단순히 아름다운 도시를 넘어 대한민국에서 가장 따뜻하고 가장 단단한 도시로 성장할 수 있다.

사람을 중심에 둔 도시 운영은 공동체의 힘을 키우고, 영주를 지속가능한 미래로 이끄는 가장 확실한 길이 될 것이다.

제9장. 스포츠·레저 기반 도시전략

골프·파크골프·축구 인프라로 만드는 활력도시 영주

프롤로그

"운동장은 그냥 운동장이 아니다"

중앙부처에서 일을 하며 여러 도시를 다니다 보면 주민들이 가장 자주 하는 말은 "운동할 데가 없다", "아이들이 뛸 곳이 없다", "나이 들어서도 할 만한 운동이 있으면 좋겠다"는 것이었다. 처음에는 단순히 체육시설을 요구하는 목소리로 들렸지만, 자세히 살펴보니 그것은 정주환경, 건강, 세대교류, 공동체, 청년과 노년 문제까지 모두 압축된 신호였다.

운동장은 단순한 운동장이 아니다. 골프장, 파크골프장, 축구장, 체육공원은 도시가 얼마나 건강하고 즐겁고 머무를 만한 곳인지를 보여주는 지표다. 영주는 이미 농업, 산업, 관광, 청년, 문화, 환경에 대한 큰 그림을 갖추기 시작했다. 이제 여기에 사람들이 몸으로 직접 느낄 수 있는 활력을 더하는 단계가 필요하다. 바로 스포츠·레저 기반 도시전략이다.

이 전략은 단순히 시설을 확충하는 것을 넘어, 시민의 건강을 지키고 세대 간 교류를 촉진하며 공동체를 회복하는 핵심 동력이 된다. 스포츠와 레저가 생활 속에 자리 잡을 때 영주는 진정으로 활력 있는 도시, 머물고 싶은 도시로 성장할 수 있다.

영주 체육·레저 인프라의 현실

수요는 넘치는데, 그릇이 모자라다

골프 인구는 늘어가는데, 골프장은 없다?

대한민국의 골프 인구는 이미 500만~600만 명을 넘어섰다. 주말이면 영주 시민들 역시 원주, 문경, 제천, 충주, 안동 등 인근 시·군의 골프장으로 이동한다. 이는 곧 영주 시민들의 소비가 다른 지역으로 빠져나가고 있으며, 골프장 주변 숙박·식당·카페·주유소 등에서 발생하는 부가가치 역시 함께 유출되고 있다는 의미다.

영주는 지형과 경관, 접근성 면에서 골프장을 조성하기 좋은 후보지를 여러 곳 보유하고 있음에도 불구하고, 아직 정식 골프장 한 곳조차 없는 상황이다. 이는 도시 경쟁력과 지역경제 활성화 측면에서 큰 아쉬움으로 남는다.

따라서 영주가 스포츠·레저 기반 도시전략을 추진한다면, 골프장을 비롯한 다양한 체육·레저 시설을 통해 시민들의 생활 만족도를 높이고, 지역 내 소비와 부가가치를 선순환 구조로 전환할 수 있을 것이다.

파크골프 인구 폭발, 하지만 시설은 부족

최근 몇 년 사이 60~70대 어르신들 사이에서 파크골프는 국민스포츠로 자리 잡았다. 관절에 부담이 적고 규칙이 단순하며, 장비 비용도 크지 않아 누구나 쉽게 즐길 수 있고, 친구들과 어울리며 사회적 관계를 형성할 수 있다는 장점이 있다. 무엇보다 "골프를 친다"는 자부심을 느낄 수 있어 어르신들에게 큰 만족을 준다.

영주에서도 파크골프 인구가 빠르게 늘고 있지만, 전문적인 파크골프장이나 전국 규모 대회를 유치할 수 있는 시설은 아직 부족하다. 반면 가평, 제천, 양평, 영암, 청양 같은 지방 도시들은 이미 파크골프를 레저와 관광 인프라로 인식하고, 전국 규모 대회와 관광 패키지를 결합해 지역 경제와 공동체 활력을 동시에 끌어올리고 있다.

따라서 영주가 놓치고 있는 지점은 분명하다. 파크골프를 단순한 생활 스포츠가 아니라 도시 전략의 핵심 인프라로 바라보고, 전문 경기장과 관광 연계 프로그램을 구축한다면 영주는 고령 친화적이면서도 활력 넘치는 스포츠·레저 도시로 도약할 수 있을 것이다.

축구·생활체육 인프라의 분산·노후화

초·중·고 축구부와 동호인 축구, 풋살, 유소년 스포츠는 도시의 젊은 에너지를 상징한다. 그러나 현재 영주의 축구장과 생활체육시설은 여기저기 흩어져 있고, 잔디와 조명, 부대시설이 부족하여 대회나 캠프를 유치할 수 있는 수준의 복합단지로는 미흡한 상황이다. 즉, 수요는 이미 충분히 존재하고 앞으로 더 증가할 것이 분명한데, 이를 뒷받침할 만한 '큰 그릇'으로서의 체육 인프라가 아직 마련되지 않은 것이다. 하지만 이 부족함은 동시에 영주에게 새로운 기회가 된다.

체육 인프라를 확충하고 복합 스포츠 단지 테마파크를 조성한다면, 영주는 청소년과 시민 모두가 활력을 느끼는 도시로 성장할 수 있으며, 스포츠를 통해 공동체가 하나로 연결되는 미래를 만들어갈 수 있다.

왜 지금 '레저 기반 도시전략'인가?

레저·스포츠는 "생활정책 + 경제정책 + 인구정책"이다.

스포츠·레저 인프라는 겉으로 보기에는 단순한 운동시설처럼 보일 수 있다. 그러나 그 효과는 훨씬 더 넓게 퍼진다. 골프장, 파크골프장, 축구장, 체육공원은 단순히 운동을 위한 공간이 아니라 시민들의 삶의 질을 높이고, 지역 경제를 활성화하며, 인구 유입과 정착을 촉진하는 핵심 인프라다.

사람들이 몸으로 활력을 느끼고, 세대가 함께 어울리며, 지역이 경제적 부가가치를 창출하는 과정은 결국 도시의 지속가능성을 강화한다. 따라서 스포츠·레저 인프라는 도시의 건강과 활력, 그리고 미래를 동시에 책임지는 중요한 기반이라고 할 수 있다.

〈표 10-1. 스포츠·레저 인프라의 3중 효과〉

관점	효과
생활정책	시민 건강, 여가, 행복, 공동체 회복
경제정책	체류·관광 소비, 숙박·식당 매출, 일자리 창출
인구정책	청년·가족·은퇴세대 정주 매력 상승, U턴·I턴 유도

골프·파크골프는 특히 영주와 궁합이 좋다.

경북 내륙은 기후와 지형이 안정적이고, 소백산과 서천이 주는 아름다운 자연경관을 품고 있다. 또한 철도와 도로 등 교통 접근성이 뛰어나며, 이미 부석사·소백산·무섬마을 같은 산림·관광 자원, 사과, 포도, 인삼, 복숭아 같은 특산물이 있어 "자연환경이 좋은 레저도시"로 성장하기에 매우 유리한 조건을 갖추고 있다. 특히 파크골프는 소규모 부지로도 조성이 가능하고, 고령친화적인 레저 활동으로서 시민들의 건강과 여가를 동시에 충족시킬 수 있다. 더 나아가 관광과 연계하거나 전국 규모 대회를 유치할 수 있는 잠재력을 지닌 효율 높은 시설이다. 이러한 장점을 적극적으로 활용한다면 영주는 자연과 레저가 어우러진 도시로 도약할 수 있으며, 지역 공동체와 경제에도 새로운 활력을 불어넣을 수 있다.

시니어 파크 골프

영주생활체육관

“건강도시”는 앞으로 도시 경쟁력의 필수 요소

세계 여러 도시들의 정책을 살펴보면 이제는 단순한 경제 지표인 GDP보다 시민의 삶의 질을 보여주는 Well-being 지수와 삶의 질 지표를 더 중요하게 평가한다. WHO(세계보건기구)는 ‘건강도시 네트워크’를 운영하며, 유럽의 도시들은 “걷기 좋은 도시, 뛰기 좋은 도시”를 도시 전략의 핵심 가치로 내세우고 있다. 일본의 소도시들 역시 파크골프, 걷기, 공원, 온천, 치유를 하나의 관광 전략으로 묶어내며 지역의 활력을 높이고 있다.

영주 역시 농업·산림·수자원이라는 풍부한 기반을 활용해 “걷고, 뛰고, 치유하는 도시”로 나아갈 수 있다. 이는 단순한 체육시설 확충을 넘어, 시민의 건강과 공동체 회복, 관광과 경제 활성화를 동시에 이루는 전략이다. 결국 체육 인프라는 이러한 변화를 시작하는 출발점이며, 영주가 사람 중심의 건강하고 지속가능한 도시로 성장하는 길을 열어줄 것이다.

골프장 전략

소비 유출을 막고, 레저·관광을 유치하다.

영주 골프 수요의 특징

영주에는 아직 정식 골프장이 없지만, 인근 시·군의 골프장을 이용하는 시민은 이미 많다. 주말마다 외곽으로 빠져나가는 차량 행렬은 곧 영주 안에서 충분히 존재하는 골프 수요가 다른 지역으로 흘러가고 있음을 보여준다. 이는 단순한 여가 활동의 이동이 아니라, 숙박·식당·카페·주유소 등에서 발생하는 부가가치가 함께 외부로 유출되고 있다는 의미다.

따라서 이제 필요한 것은 이 수요를 영주로 되돌리는 전략이다. 골프장을 조성하고 이를 관광과 숙박, 지역 농산물 소비와 결합한다면, 단순한 체육시설을 넘어 지역경제를 활성화하는 복합 인프라로 발전시킬 수 있다. 영주만의 자연경관과 문화 자산을 더해 골프와 관광을 연결한다면, 시민 만족도와 지역경제 모두를 동시에 끌어올리는 새로운 성장 동력이 될 것이다.

골프장 후보지 선정 원칙

골프장 후보지를 구체적으로 제시하기는 어렵지만, 입지 선정의 원칙은 분명하다.

첫째, 접근성은 시내와 고속도로, 역과의 거리를 고려하여 시민과 관광객 모두가 편리하게 이용할 수 있어야 한다. 둘째, 경관성

골프장

은 소백산과 서천, 농촌 경관과 조화를 이루어 자연 속에서 즐길 수 있는 공간을 만드는 것이다. 셋째, 환경성은 수질과 산림 훼손을 최소화하여 지속가능성을 확보하는 것이 핵심이다. 넷째, 연계성은 기존 관광지와 숙박지와의 연동 가능성을 높여 지역경제와 관광 활성화를 동시에 이루는 방향으로 설계해야 한다.

이러한 기준을 충족한다면 골프장은 단순한 운동시설을 넘어, 레저와 관광이 결합된 복합단지로 발전할 수 있다. 이는 영주가 시민의 삶의 질을 높이고, 지역경제를 활성화하며, 도시 경쟁력을 강화하는 중요한 전략적 자산이 될 것이다.

골프장 + 숙박 + 농산물 + 관광 패키지

골프장을 단순히 조성하는 것만으로는 수익성이 떨어지거나 지역 협력이 약해질 수 있다. 그러나 영주는 이를 종합적인 관광·레저 전략으로 설계할 수 있다. 낮에는 골프를 즐기고, 저녁에는 소백산과 부석사의 야경을 감상하거나 서천을 산책하는 프로그램을 마련한다. 식사는 영주 한우와 사과, 인삼 등 지역 로컬푸드를 중심으로 구성하여 지역 농산물 소비를 촉진한다. 숙박은 원도심의 세카이호텔과 펜션, 리조트 등을 활용해 체류형 관광을 유도한다.

다음 날에는 파크골프와 트레킹, 카페와 공방 체험을 연계하여 다양한 세대와 계층이 참여할 수 있는 콘텐츠를 제공한다. 이렇게 되면 골프장은 단순한 운동시설을 넘어 영주의 관광, 숙박, 식당, 상권 전체를 움직이는 엔진이 된다. 결국 영주는 스포츠·레저와 지역 자원을 결합해 도시 활력과 경제를 동시에 끌어올리는 새로운 모델을 만들어낼 수 있다.

해외 사례 뉴질랜드 퀸스타운, 일본 홋카이도

퀸스타운과 홋카이도는 골프장을 단순한 운동시설로 두지 않고, 스키·온천·미식·트레킹과 결합하여 "연중 내내 찾는 레저 도시"로 성장시켰다. 이처럼 골프장을 관광 패키지의 한 축으로 삼아 사계절 다양한 콘텐츠와 연결하면 도시 전체가 활력을 얻게 된다.

영주 역시 사계절이 뚜렷하고, 역사와 자연, 풍부한 농산물을 갖춘 도시다. 이러한 자산을 기반으로 골프와 파크골프, 트레킹, 온천, 로컬푸드 체험을 결합한다면 충분히 비슷한 모델을 구현할 수 있다. 결국 영주는 스포츠·레저와 문화·관광을 아우르는 종합 전략을 통해 머무르고 싶은 도시, 다시 찾고 싶은 도시로 도약할 수 있다.

파크골프 전략

어르신과 관광객이 함께 즐기는 레저 허브

파크골프는 "고령사회 맞춤 레저산업"

파크골프장은 고령사회로 접어든 한국에서 가장 빠르게 성장하는 레저 종목 중 하나다. 경기 규칙이 단순하고 다리와 허리에 부담이 적으며, 장비 비용도 적당해 누구나 쉽게 접근할 수 있다. 무엇보다도 친구들과 함께 웃으며 즐길 수 있는 운동이라는 점에서 사회적 관계 형성과 정서적 안정에도 큰 도움이 된다.

영주는 고령인구 비중이 높은 도시이기에 파크골프는 단순한 스포츠를 넘어 복지·건강·여가정책의 핵심 도구가 될 수 있다. 어르신들이 활력을 되찾고 공동체 속에서 어울릴 수 있는 기반을 마련하는 동시에, 관광과 지역경제 활성화에도 기여할 수 있는 전략적 자산으로 발전할 수 있다.

전국·도 단위 대회 유치가 가능한 파크골프장

현재 여러 지자체들은 파크골프 대회를 통해 숙박·식당·교통·관광을 동시에 활성화하며 지역경제에 새로운 활력을 불어넣고 있다. 영주 역시 이러한 흐름을 충분히 이어갈 수 있는 잠재력을 가지고 있다. 18홀·36홀 규모의 파크골프장을 조성하고, 대회와 동호인 활동, 관광객을 수용할 수 있는 주차와 편의시설을 갖춘다면 전국 단위의 행사 유치가 가능하다.

영주 서천파크골프장

더 나아가 서천과 영주댐, 소백산을 조망할 수 있는 위치까지 고려한다면, 파크골프장은 단순한 생활체육 공간을 넘어 관광과 자연을 함께 즐길 수 있는 복합 레저 인프라로 발전할 수 있다. 이러한 전략이 실현된다면 영주는 "전국 파크골프의 성지"로 자리 잡으며, 고령 친화적 도시이자 관광·레저 중심지로 도약할 가능성이 크다.

노년층 복지 + 관광 + 농산물 소비 연계

파크골프장 주변에는 단순히 운동만을 위한 공간이 아니라, 다양한 생활·여가 시설을 함께 조성할 수 있다. 산책길을 따라 걸으며 자연을 즐기고, 카페에서 휴식을 취하며 지역 농산물 직판장에서 신선한 먹거리를 구매할 수 있다.

건강식당에서는 영주의 사과, 도정미, 채소를 중심으로 한 식단을 제공해 시민과 관광객 모두에게 건강한 식문화를 경험하게 한다. 여기에 소규모 온천과 찜질 시설까지 결합하면, 몸과 마음을 동시에 치유할 수 있는 환경이 마련된다.

이렇게 조합된 공간은 단순한 체육시설을 넘어 "놀고, 먹고, 쉬고, 운동하고, 치유하는 복합 레저 거점"으로 발전할 수 있다. 이는 영주가 고령 친화적이면서도 관광과 지역경제를 동시에 활성화하는 새로운 도시 모델을 만들어가는 중요한 전략이 될 것이다.

축구장·체육공원 전략

아이들이 뛰고, 도시가 살아난다.

축구장·체육시설은 "도시 활력의 온도계"

초등학교 운동장에서 아이들이 공을 차는 모습은 언제나 도시의 밝고 희망적인 장면이다. 그러나 잔디 상태와 안전성, 조명, 부대시설이 부족하다면 야간이나 주말 사용이 어렵고, 대회나 캠프를 유치하기에도 한계가 있다. 이는 단순히 시설의 문제를 넘어, 지역의 젊은 에너지와 공동체 활력을 제약하는 요소가 된다.

따라서 영주에는 축구 인프라를 단순한 생활체육 공간에 머무르지 않고, 생활체육 + 유소년 + 대회 유치가 가능한 수준으로 격상시킬 필요가 있다. 이를 통해 아이들과 청소년은 더 나은 환경에

영주시체육공원

서 꿈을 키우고, 시민들은 건강한 여가를 즐기며, 도시 전체는 전국 단위의 대회와 캠프를 통해 활력을 얻을 수 있다. 결국 축구 인프라의 확충은 영주의 미래를 밝히는 중요한 투자이자, 도시 경쟁력을 높이는 핵심 전략이 된다.

복합 스포츠파크 조성

복합형 스포츠파크는 단순한 운동시설을 넘어 도시의 생활과 활력을 담아내는 공간으로 설계될 수 있다. 축구장 2~3면을 천연 또는 인조잔디와 조명을 갖추어 조성하고, 풋살장·농구장·배드민턴·족구장 같은 다양한 종목의 시설을 함께 배치한다.

러닝트랙과 산책로는 남녀노소 누구나 이용할 수 있는 건강 공간이 되고, 어린이 놀이터와 패밀리 피크닉 광장은 가족 단위의 여가를 지원한다.

또한 카페와 편의점, 샤워실과 라커룸 같은 생활 편의시설을 갖추고, 주차장과 버스 주차 공간을 마련하면 접근성과 이용 편의성이 크게 높아진다. 이렇게 조성된 스포츠파크는 평일에는 지역 주민들의 생활체육 공간으로, 주말에는 대회와 캠프 유치 공간으로, 방학에는 유소년 축구캠프와 클리닉 운영 공간으로 활용될 수 있다.

결국 스포츠파크는 영주가 시민의 건강과 공동체, 관광과 경제를 동시에 활성화하는 핵심 거점으로 자리매김하게 된다.

스포츠관광과 연결하면

"영주 유소년 축구대회"나 "전국 생활체육 축구·풋살 대회" 같은 행사를 개최하면 단순한 스포츠 이벤트를 넘어 도시의 활력을 불어넣을 수 있다. 여기에 부석사 관광과 소백산 트레킹을 결합한 패키지를 마련한다면, 참가자와 가족들이 단순히 경기에 참여하는 것을 넘어 영주에 머물며 지역을 체험하게 된다.

이러한 전략은 체류형 인구 유입을 가능하게 하고, 숙박·식당·교

영주국민체육센터

통·관광 등 지역 경제 전반에 긍정적인 효과를 가져온다. 결국 축구 인프라와 관광 자원을 연계한 프로그램은 영주를 스포츠와 문화, 자연이 어우러진 도시로 확장시키는 중요한 발판이 될 수 있다.

영주형 종합 레저벨트 구상

"스포츠·관광·농업·치유"를 한번에

골프, 파크골프, 축구, 체육공원의 각각의 조각을 하나로 이어내면 영주는 종합적인 레저벨트를 구상할 수 있다. 골프장·리조트권에서는 골프장과 숙박시설, 한우·사과·와인 레스토랑을 결합해 외부 관광객과 기업 연수를 유치할 수 있다.

파크골프·치유권은 파크골프장과 산책길, 카페, 농산물 직판장을 중심으로 은퇴세대와 가족층, 관광객을 아우르는 공간으로 설계할 수 있다. 축구·생활체육권은 스포츠파크와 어린이놀이터, 가족공원을 통해 유소년 대회와 캠프, 생활체육을 지원하는 거점이 된다. 소백산·영주댐·서천권은 트레킹, 명상, 카누, 산림치유를 결합해 자연 기반의 치유관광을 제공할 수 있다.

이 네 축이 하나의 "레저 네트워크"로 움직일 때, 영주는 주말마다 외부 사람들이 몰려오고, 주중에는 시민들이 건강을 챙기며, 사계절 내내 레저·스포츠·관광이 이어지는 도시로 도약할 수 있다. 이는 단순한 시설 확충을 넘어 도시 전체의 삶의 질과 경제, 공동체 활력을 동시에 끌어올리는 새로운 성장 전략이 될 것이다.

해외 사례가 던지는 시그널

일본의 홋카이도와 가루이자와는 골프와 스키, 온천, 미식을 결합해 "도쿄 사람의 두 번째 도시"로 자리매김했다. 뉴질랜드의 퀸스타운은 레저와 스포츠를 도시의 핵심 산업으로 삼아 인구는 적지만 세계적인 도시로 성장했다.

독일 프라이부르크와 스위스의 소도시들은 자전거와 걷기, 야외 스포츠를 중심으로 "건강도시"라는 이미지를 구축하며 시민 행복도를 높였다. 이러한 사례들을 참고하면 영주는 충분히 새로운 모델을 만들어낼 수 있다. 사계절이 뚜렷하고 역사와 자연, 농산물이 풍부한 영주는 "한국형 퀸스타운"이자 동시에 "선비도시"라는 독창적인 정체성을 결합할 수 있다.

스포츠·레저와 문화·역사를 아우르는 복합 전략을 통해 영주는 단순한 지방 도시를 넘어, 건강과 품격, 활력을 동시에 갖춘 전혀 새로운 도시 모델로 도약할 수 있다.

영주시민운동장

레저·스포츠 전략이 도시 전체에 주는 파급효과

〈표 10-2. 레저·스포츠 전략의 5대 파급효과

분야	효과
인구	청년·가족·은퇴세대 정주 매력 상승
경제	숙박·식당·카페·관광 소비 증가
보건	시민 건강 지표 개선, 의료비·복지비 감소 효과
교육	유소년·청소년 스포츠·인성교육 기반
이미지	"건강하고 활력 있는 도시"라는 브랜드 형성

결국 골프장·파크골프장·축구장 확충은 단순히 운동장을 늘리는 사업이 아니다. 이는 영주의 사람과 경제, 건강, 그리고 도시 이미지를 동시에 변화시키는 전략적 투자다. 시민들에게는 더 나은 여가와 건강을 제공하고, 지역경제에는 관광·숙박·식당·농산물 소비를 촉진하며, 도시의 외부 이미지는 활력과 매력을 갖춘 레저·스포츠 중심지로 격상된다.

즉, 체육 인프라 확충은 단순한 시설 건설을 넘어 영주의 미래를 설계하는 핵심 전략이다. 사람들의 삶의 질을 높이고, 경제적 선순환을 만들며, 건강한 공동체를 형성하고, 도시 브랜드를 새롭게 구축하는 종합적인 투자로서 영주가 도약할 수 있는 중요한 발판이 된다.

맺음말

"뛰고, 걷고, 즐기고 싶은 도시" 영주

나는 영주의 미래를 숫자가 아닌 사람들의 모습으로 그려본다. 파크골프장에서 웃으며 공을 치는 어르신들, 주말마다 골프장과 카페를 오가는 가족들, 유소년 축구대회에 참가해 부석사를 구경하는 아이들, 서천 산책길을 달리며 하루의 스트레스를 풀어내는 직장인들, 소백산 숲길을 걸으며 삶을 돌아보는 사람들. 이 모든 장면은 곧 "살고 싶은 도시, 머무는 도시, 일할 수 있는 도시 영주"의 또 다른 얼굴이다.

건강한 도시가 강한 도시이고, 뛰고 걷고 즐길 수 있는 도시가 사람을 붙잡는 도시다. 영주는 이미 산업·농업·관광·환경·청년·복지라는 여러 축을 갖추고 있으며, 이제 스포츠·레저라는 마지막 퍼즐을 맞추려 하고 있다.

이 퍼즐이 완성되는 순간, 영주는 진정한 의미의 "활력도시"로 완성되어 시민과 방문객 모두에게 새로운 미래를 보여줄 것이다. 다음 장에서는 종합 결론 - 영주의 미래는 다시 그릴 수 있다를 제시한다.

제10장. 결론

영주의 미래는 우리가 함께 다시 그린다.

프롤로그

도시의 미래는 조건이 아니라 의지에서 나온다.

공직자로 살아온 시간 동안 나는 수많은 도시의 흥망성쇠를 지켜보았다. 어떤 도시는 번영의 길을 걸었고, 또 어떤 도시는 쇠퇴의 길을 피하지 못했다. 그 과정에서 배운 것은 분명하다. 도시의 미래는 외부 환경만이 아니라, 스스로 선택한 방향과 이를 실천하려는 의지에 의해 결정된다는 사실이다.

지금 영주는 그 중요한 기로에 서 있다. 앞으로 어떤 길을 선택하느냐에 따라 10년, 20년 뒤의 모습은 전혀 달라질 것이다. 그러나 나는 영주가 다시 도약할 수 있다는 확신을 갖고 있다. 그 이유는 이 도시가 가진 본질적인 힘 때문이다.

풍부한 자연과 역사, 사람들의 저력과 공동체의 에너지가 영주를 다시 일으켜 세울 수 있는 원천이다. 결국 영주의 미래는 선택과 실행에 달려 있으며, 그 힘을 믿는다면 영주는 새로운 활력의 도시로 거듭날 수 있다.

영주를 둘러싼 현실을 직시하는 것에서 변화는 시작된다.

영주는 지금 인구 감소, 청년 유출, 산업 정체, 원도심 침체, 농촌 공동체 약화, 관광의 당일화라는 복합적인 도전에 직면해 있다. 그러나 이러한 문제는 영주만의 특수한 상황이 아니라, 한국의 많

송명달이 사랑하는 영주시

은 중소도시들이 함께 겪고 있는 구조적 변화의 일부다.

중요한 것은 이 현실을 두려워하거나 피하는 것이 아니라, 영주만의 정체성과 자원을 바탕으로 한 "영주다운 해법"을 찾아내는 용기다.

역사와 문화, 자연과 농업, 그리고 사람들의 공동체적 힘을 결합해 새로운 길을 모색한다면, 영주는 단순히 위기를 극복하는 것을 넘어 다시 도약할 수 있다. 결국 도시의 미래는 외부 환경이 아니라 스스로 선택한 방향과 실행의지에 달려 있으며, 영주가 가진 본질적인 힘은 그 해법을 만들어낼 수 있는 원천이 될 것이다.

영주의 비전은 이미 분명하다.

살고 싶은 도시·머무는 도시·일할 수 있는 도시

이 책에서 우리는 영주가 어떤 도시로 나아가야 하는지 세 가지 큰 방향을 제시했다.

첫째, 살고 싶은 도시는 안전·교육·주거·복지가 균형을 이루며 시민들이 편안하고 안정된 생활을 누릴 수 있는 공간이다.

둘째, 머무는 도시는 당일 관광이 아닌 체류형 관광을 중심으로, 원도심 재생을 통해 머물고 싶은 공간을 만들고 문화와 예술, 걷고 싶은 도시 환경을 조성하는 것이다.

셋째, 일할 수 있는 도시는 농업혁신과 풍기인견의 재도약, 베어링 국가산단의 고도화, 청년창업과 지역기업, 첨단기술 기반 산업 생태계를 통해 활력을 불어넣는 도시다.

세계로 나아가는 풍기인삼

이 세 축을 하나로 연결하는 것이 바로 영주가 나아갈 길이다. 생활의 안정, 체류형 관광, 산업 생태계가 유기적으로 맞물릴 때 영주는 시민이 행복하고, 방문객이 머물며, 청년이 일할 수 있는 도시로 도약할 수 있다. 이는 단순한 발전 전략을 넘어 영주가 미래를 스스로 선택하고 완성해 나가는 길이다.

영주는 이미 도약을 위한 기반을 넓게 갖추고 있다.

영주의 강점은 특정 분야에만 국한되지 않는다. 여러 산업이 균형 있게 존재하며, 다양한 기회를 동시에 품고 있는 도시라는 점에서 그 가치가 크다. 먼저 전통산업 기반으로는 사과·한우·인삼·

부석태 등 전국적으로 인정받는 농특산물이 있고, 풍기인견 제조 기반과 베어링·정밀가공 중심의 제조업, 풍부한 산림과 수자원 자원까지 갖추고 있다.

또한 문화·관광 기반에서는 소수서원과 부석사 같은 유네스코 세계유산, 소백산권의 치유·트레킹·생태관광, 무섬마을과 영주댐 등 체류형 관광 인프라가 도시의 매력을 더한다. 정주환경 기반 역시 교육·복지·안전이 뒷받침되고, 원도심 재생 가능성과 중형도시로서의 적정 규모성을 갖추어 시민들이 안정적으로 생활할 수 있는 조건을 제공한다.

여기에 레저·생활 도시 기반으로 파크골프와 축구, 종합 스포츠파크 확장 가능성이 있으며, 치유와 휴양 중심의 생활 인프라가 시민 건강과 여가를 지원한다. 마지막으로 신산업 기회로 드론, 스마트농업, 디지털콘텐츠, 스마트물류 등 아직 초기 단계지만 미래 확장성이 큰 분야들이 자리하고 있다.

이처럼 영주는 전통과 현대, 산업과 문화, 생활과 미래가 균형 있게 어우러진 도시로서, 다양한 가능성을 동시에 품고 발전할 수 있는 잠재력을 지니고 있다.

영주의 미래 성장은 '산업 하나'가 아니라 '산업 전체'를 연결하는 데서 나온다.

영주의 강점은 단일 산업으로 도시를 설명할 수 없다는 데 있다. 농업, 제조업, 문화·관광, 정주환경, 산림·환경, 레저, 교육이

영주의 젖줄, 서천

동시에 존재하며, 이들이 서로 연결될 때 비로소 지속적인 성장이 가능하다. 영주가 만들어갈 미래는 바로 이러한 다핵(多核) 산업도시 모델이다.

우선 핵심축(Primary engines)으로는 농업과 제조업, 인견 산업, 관광이 자리한다. 이는 영주의 전통적 기반이자 도시를 지탱하는 뿌리다. 여기에 성장축(Growth engines)으로 치유관광, 레저, 스포츠, 원도심 산업이 더해져 도시의 활력을 확장한다. 또한 미래축(Future options)으로 스마트농업, 드론, 디지털콘텐츠, 스마트물류 같은 신산업이 새로운 가능성을 열어간다.

각 축은 독립적으로 존재하는 것이 아니라 서로 연결되고 보완하면서 도시 전체의 생태계를 튼튼하게 만든다. 한 산업이 어려워져도 다른 산업이 도시를 지탱할 수 있는 '복원력'을 갖춘 도시, 바로 그것이 영주가 나아가야 할 산업구조다. 이 구조 속에서 영주는 균형과 다양성을 바탕으로 지속 가능한 성장의 길을 열어갈 수 있다.

영주의 미래 10년은 이렇게 달라질 것이다.

영주는 다양한 산업이 서로 연결되는 다핵 도시로 발전할 때 새로운 미래를 맞이하게 된다. 농업은 스마트농업으로 전환되어 생산성과 효율성을 높이고, 제조업은 첨단화와 고부가가치 산업으로 확장되며 경쟁력을 강화한다.

풍기인견은 글로벌 브랜드로 재도약하여 세계 시장에서 다시 주목받을 수 있고, 원도심은 문화와 감성, 체류형 거점으로 바뀌어 사람들이 머물고 싶은 공간으로 변모한다.

관광은 단순한 방문이 아니라 걷고 머무는 도시 이미지로 전환되며, 레저와 스포츠 인프라는 시민들의 삶의 질을 높이는 기반이 된다. 청년들은 다시 돌아와 기술 기반의 일자리를 선택하고, 읍면 공동체는 활력을 되찾아 지역 전체가 살아난다. 드론과 같은 미래 기술은 도시 전체를 보조하며 기능해 새로운 산업 생태계를 뒷받침한다.

이 모든 변화는 단순한 꿈이 아니라, 조금만 추진하면 실현 가능한 그림이다. 영주는 균형과 연결을 통해 지속 가능한 성장의 길을 열어가며, 활력 있는 미래도시로 완성될 수 있다.

영주의 미래는 우리가 함께 만드는 설계도다.

이 책에 담긴 전략들은 영주가 다시 도약하기 위해 필요한 실행 가능한 설계도다. 모든 도시는 결국 자신이 선택한 방향의 결과물이며, 영주 역시 어떤 길을 선택하느냐에 따라 완전히 새로운 도시로 변화할 수 있다. 지금 영주는 여러 도전에 직면해 있지만, 동시에 많은 기회와 충분한 가능성을 품고 있다.

영주는 앞으로 더 나아질 수 있는 도시다. 미래는 외부 조건이 아니라 스스로의 의지와 실행에 달려 있으며, 그 의지가 모일 때 영주는 활력과 매력을 갖춘 도시로 도약할 수 있다. 우리는 함께 그 미래를 다시 그려 나갈 수 있고, 영주는 그 과정 속에서 새로운 성장의 길을 열어갈 것이다.

에필로그

길 위에서 다시 고향을 바라보다.

나는 앞으로의 시간을 더 단단하고 더 따뜻하게 살고 싶다. 어떤 역할이나 직책을 떠나 사람과 사람 사이의 신뢰, 지역과 사회가 쌓아온 이야기, 그리고 미래를 향한 진지한 성찰이 삶의 중심이 되었으면 한다. 내게 남은 시간은 감사와 보답, 나눔으로 채워지는 시간이 되기를 바란다. 고향의 저녁노을을 바라보며 나는 다시 한 번 조용히 다짐해본다.

에필로그

길 위에서 다시 고향을 바라보다.

오랜 시간을 돌아보며 이 책을 마무리하는 지금, 문득 내 삶을 지탱해준 힘이 무엇이었는가를 생각하게 된다. 그 중심에는 언제나 고향이 있었다.

그리고 부모님, 형제들, 스승과 동료들, 일상의 순간마다 스며있던 소소한 인연들이 있었다. 삶의 여러 굽이굽이를 지나오며 나는 느꼈다. 사람은 자신이 걸어온 길의 총합이 아니라, 그 길에서 만난 사람들과 경험이 쌓아올린 이야기라는 것을.

한 사람을 키우는 시간과 풍경

내줄리의 논두렁과 관사골 골목길, 불바우 언덕. 그곳은 단순한 지명이 아니라 내 인생의 첫 페이지였다. 아버지의 꾸준함과 어머니의 헌신은 아직도 내가 어떤 선택을 하려 할 때마다 마음속에서 조용히 말을 건다.

어린 시절 읽던 책 냄새, 서천 둔치의 바람, 겨울마다 피어오르던 연탄 연기. 그 모든 풍경이 세월의 결을 따라 아직도 선명하다. 나는 고향에서 배우고, 고향에서 단단해졌으며, 고향에서 사람의 온도를 익혔다.

바다에서 다시 배운 삶의 규칙

중앙부처에서 보낸 시간은 늘 새로운 세계를 마주하는 과정이었다. 부산항신항의 물류 현장, 항만관리체제 개혁의 긴 논의들, 국제무대에서의 설득과 협력, 여수에서의 앵커 프로젝트, 과학과 데이터가 중심이 되었던 정책 판단들.

그 모든 경험은 내게 "한 사람의 관점만으로는 세상을 이해할 수 없다"는 사실을 일깨워주었다. 정책이든 삶이든 단순함보다는 복잡함을, 속도보다는 정밀함을, 목소리보다 경청을 우선해야 한다는 것을 바다에서 배웠다.

그리고 가장 중요한 교훈은 사람은 언제나 사람으로 움직인다는 사실이었다. 신뢰는 쌓아가는 것이었고, 협력은 한 번의 손짓이 아니라 긴 시간의 태도에서 만들어졌다.

돌아보면 결국 '사람'이었다.

삶의 여러 장면을 떠올려보면, 무엇 하나 혼자 이룬 것은 없었다. 문제가 막히면 도와준 동료가 있었고, 어려움이 닥치면 함께

영주선비촌

고민해준 누군가가 있었고, 조용히 응원해주는 고향의 친구와 선후배, 멀리서도 마음을 보태준 지인들이 있었다.

그리고 무엇보다, 내가 흔들릴 때마다 따뜻한 밥 한 끼를 내어주시고 말없이 등을 토닥여주던 부모님이 있었다. 사람이 사람을 지탱한다는 진리를 나는 여러 번 경험하며 살아왔다.

길 위에서 다시 고향을 생각하다.

중앙에서 보낸 30년이 지나고, 다시 고향에 온 요즘, 나는 마음속으로 조용히 묻게 된다.

"삶의 후반부에는 무엇을 남기며 살아야 할까."

고향의 산과 강, 옛 골목과 오래된 친구들, 그 세월의 풍경들은 내게 어느새 또 다른 질문을 던진다.

"지금까지의 시간이 앞으로의 시간을 어떻게 비춰줄 것인가."

삶을 채워온 수많은 경험들은 어쩌면 지금 이 시기를 위한 준비였는지도 모른다. 작은 변화라도 누군가에게 의미가 될 수 있다면, 그것 또한 삶의 값진 결실이리라.

내일을 향한 마음가짐

나는 앞으로의 시간을 더 단단하고 더 따뜻하게 살고 싶다. 어떤 역할이나 직책을 떠나 사람과 사람 사이의 신뢰, 지역과 사회가 쌓아온 이야기, 그리고 미래를 향한 진지한 성찰이 삶의 중심이 되었으면 한다.

내게 남은 시간은 감사와 보답, 나눔으로 채워지는 시간이 되기를 바란다. 고향의 저녁노을을 바라보며 나는 다시 한 번 조용히 다짐해본다.

"지금까지의 삶이 나를 여기까지 데려왔다면, 앞으로의 삶은 내가 누구를 위해 살아갈지 결정하는 시간일 것이다."

독자 여러분께 감사드린다. 이 책을 함께 읽어주셔서, 그리고 나의 이야기에 귀 기울여주셔서.

송명달의

영주사랑 24시

인쇄일 2026년 1월 20일
발행일 2026년 1월 29일

지은이 송명달
발행처 새영주정책연구소
경북 영주시 지천로 102, 2층
054-631-0365 | 010-9178-5741(송명달)

펴낸곳 도서출판 느티나무
경상북도 영주시 지천로 183, 2층
TEL. 054-633-5885 FAX. 054-633-5886

값 20,000원

03810
9 788998 991906
ISBN 978-89-98991-90-6